同調圧力の正体

太田 肇
Ohta Hajime

PHP新書

「同調圧力の正体」――目次

序論

「事件」は共同体の中で起きる

第1章

なぜ日本社会はこれほど窮屈なのか

第2章　圧力をエスカレートさせるもの

第3章 パンドラの箱が開いた平成時代

第4章 コロナで露呈した日本の弱点

序論

「事件」は共同体の中で起きる

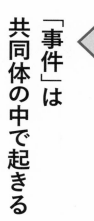

コロナが剝がした日本社会のベール

別々の会社に勤める二人から、たまたま同じ内容の話を聞いた。仕事に支障がないから在宅勤務をするよう、いくら周囲から勧められても頑として応じなかった同僚が、コロナ禍でテレワークが推奨されるようになったとたん、まるで手のひらを返したようにパッタリ出社しなくなったというのだ。暗黙の行動規範がコロナ禍によって逆転した結果、彼らの行動基準も容易に逆転してしまったのである。

それだけ職場はみえない圧力に覆われているということだろう。ではテレワークによって職場の圧力から解放されたかというと、そうではない。テレワーク中も上司に監視されているとか、同僚が出社していたら罪悪感を覚えるといった声も聞かれる。リモート会議では役職順に画像を並べるといった新たな慣習をばからしく思いながらも従わざるをえず、頻繁に開かれ、しかもエンドレスに続く「リモート飲み会」に閉口する人も多かった。

またコロナ禍のもとでは学校や地域の運動会、花見、祭りなどありとあらゆる行事が軒並み中止に追い込まれ、マスクをつけずにランニングしたり自転車に乗ったりするだけでも冷たい視線を気にしなければならなかった。

私たちだけではない。芸能人やプロスポーツ選手は自粛期間中に友人と食事をしただけで、プライバシーをさらされたうえ、まるで犯罪者のようにバッシングされ、記者会見を開いて謝罪し、謹慎させられる羽目になった。もはや有名人だから、実力主義の世界だからといっても、それが免罪符にはならないことを思い知らされたはずだ。

どうして私たちは、どこまでも同調圧力につきまとわれなければならないのか。

しかし、いっぽうで私たちはこのような同調圧力の恩恵を受けているともいえる。世間の同調圧力があったからこそ、欧米のようなロックダウン（都市封鎖）を免れたし、法による厳しい取り締まりも必要としなかった。さらに「自粛警察」や「マスク警察」も騒がれた割には「出動」件数が少なかった（だからこそ話題になったのだ）。そして因果関係ははっきりしないものの、新型コロナウィルスによる死者や重症者の数は、欧米と比べ桁違いに低い水準に抑えられている。

功と罪のどちらが大きいかという評価はとりあえず措くとして、降ってわいた新型コロナウィルスの蔓延により、私たちは日本社会の同調圧力がいかに強いかをあらためて考えさせられた。

同調圧力の「功」と「罪」は合わせ鏡

もともと同調圧力は、功と罪の両方を抱えながら日本社会の隅々にまで深く浸透している。

職場ではいわれなくても周りに合わせて身なりを整えるし、後輩は先輩をみて振る舞いや言葉遣いを学んでいく。また学校や地域の環境がきれいに保たれているのは、周囲の目によるところが大きい。そして先進国の中でもとくに治安がよく、災害時などにもけっして取り乱さず秩序正しく行動する日本人の姿は、海外からもしばしば称賛された。それも厳しい世間の目があるからこそだ。

反面、同僚が休まないと休暇を取りづらいとか、自分の仕事を片づけても周りが残っていると帰りにくいという声は、多くの職場から聞こえてくる。ある人は終業時刻が近づくと、いつ「お先に失礼します」と切り出そうかと頭がいっぱいになり、胃がキリキリ痛むとうったえていた。ＰＴＡや町内会の役員を割り当てられたら、仕事やプライベートの予定があっても会合や行事に出席しなければならない。そのため「当たり」クジを引いた瞬間、その場で泣き崩れる人もいる。

大人より世間が狭い子どもたちにとって、それはいっそう深刻だ。仲良しグループの中では服装から持ち物、つき合う範囲まで細かい掟があり、ＬＩＮＥで「既読スルー」するだけでシカトされ自分の居場所がなくなるという。返信が遅れないようにトイレにまでスマホを持ち込まなければならない現実にいたっては、もはや正常な域を超えている。

それは当然、心身に悪い影響をもたらす。中学・高校の教育現場に詳しい人の話によれば、同調圧力へのストレスが原因で引きこもりや不登校になるケースが増えており、なかには自殺にまで追い込まれるケースもあるそうだ。

このように同調圧力には功と罪の両面がある。「功」があるから「罪」が払拭できないし、「功」が大きいほど「罪」も大きい。その意味で功と罪はいわば合わせ鏡である。

しかし、だからといって現状を受け入れてよいものだろうか？

エスカレートする圧力

コロナ禍のもとで日本社会の同調圧力に関心が集まり、いろいろな場で、さまざまな人から同調圧力の弊害や問題点が指摘されるようになった。その多くは同調圧力を日本社会の風土や日本人の特性としてとらえている。たしかに同調圧力そのものはどこの国、どの社会にもあるとはいえ、そこに日本社会特有の何かが存在することは否定できない。しかし漠然とした風土論や日本人論で片づけていては議論が前に進まないし、そこに問題があるとしても対策を講じることはできない。

だいじなのは、まず同調圧力の正体を明らかにすることだ。そのためには抽象的でつかみ所のないものより、できるだけ具体的で比較可能なものに注目する必要がある。

その一つが社会の「仕組み」である。

仕組みに注目すると、社会の中での位置づけも、規模も、歴史も異なる組織や集団に共通する特徴がみえてくる。

先にあげた具体例からわかるように、同調圧力は大小さまざまな共同体の中で生じる。

同僚どうし、あるいはクラスメートや地域住民の集まりならともかく、会社や学校、それに国や地方自治体などは本来、共同体ではない。ところが日本では、それらが共同体的な性質を併せ持っていて、レベルの違う共同体が入れ子状態になっている。たとえば国の中に地方自治体があり、その中に町内会がある。あるいは学校の中にクラスがあり、会社の中には部・課があり、その中にグループがある。そして一般的にいえば、内側の小さな共同体ほど同調圧力は強くなる。

もう一つが「現象」である。

とくに注目すべきなのは、同調圧力が徐々にエスカレートしていくことである。いわゆる「三密」すなわち密閉・密集・密接の中で飛沫感染を避けるために求められたマスクの着用が、散歩や自転車利用時にもつけざるをえなくなった。さらに粒子を通さない不織布製ではなく布製のマスクをつけていると白い目でみられたり、二枚重ねてつけるのが標準になったりする。また仲良しグループ内の掟も、ランチは必ず一緒に食べるとか、ほかの人と親しくつき合ってはいけないなど、だんだん細かくなっていく。職場では少しずつ出勤時間が早くなったり、残業するのが当たり前になったりする。

しかも**共同体の外の環境が変化しても、内部の同調圧力は弱まらない**。いや数字をみれば、**弱まらないどころか環境の変化や社会のニーズに逆行してむしろ圧力が強まることが多い**。さらに従来のタテ方向（家父長型）の圧力に歯止めがかかってきたかと思えば、それと反比例してヨコ方向（大衆型）の圧力が広がるような現象も起きている。

こうしてみると、そこには単なる「仕組み」を超えた何かがあるのだろうと想像がつく。背後に、目にはみえない力学が働いているに違いない。昨年の流行語を借用するなら「ファクターX」の存在だ。

切り込むべき核心はそこである。そしていまこそ、そこにメスを入れなければならない。

低下する「幸福度」の原因は？

過去を振り返れば、社会全体としても、組織の中でも同調圧力が必要とされ、個人もまたその恩恵を受ける時代があった。しかし社会的にも、技術的にも、そして心理的にもその恩恵が薄れ、むしろ弊害のほうが大きくなってきている。**同調圧力の「功」を「罪」が上回ってきたのである。**

一つの切り口として、国民の幸福度に注目してみよう。

各国の研究者が協力して行っている「世界価値観調査」の二〇一〇年度調査によると、日本人の幸福度は六六か国中、三〇位である。この調査結果を分析した山﨑聖子は、幸福感と自由度の実感の関連性がとくに高いことを指摘している。そして人生の自由度の実感は、五七か国の中で日本がなんと最下位である。(注1)

さまざまな組織や集団において日本の自由度が低いことは、国内外で生活したり働いたりした経験を持つ人が口をそろえていう。また、つぎのようなデータもある。

働き方に関する国際比較調査の結果をみると、「仕事の進め方の裁量度」「出退勤時間の自由度」「仕事中の私用時間の利用可能性」のいずれにおいても欧米など八か国の中で日本が最も低い。(注2)

人生の中でもとくに大きなウェイトを占める職業生活の自由度が低いことが、幸福感を押し下げている可能性は十分にありうる。そして国際連合が毎年発表している「世界幸福度報告」によれば日本人の幸福度は低下傾向に歯止めがかからず、二〇二〇年度は六二位にまで後退している。

経済的に豊かになり、衣食住に関わる欲求が満たされていくにつれて自由に対する要求はいっそう強くなる。それだけに同調圧力が幸福感を得るうえで足かせになっていることは想像に難くない。さらに過度な同調圧力が個人の人格権を侵害したり、自己実現や成長の機会を奪ったりする危険性もある。

潮目が変わった九〇年代

つぎに視点を組織と社会の側に移してみたい。

日本の国際競争力と国民一人あたりGDP（国内総生産）は、一九九〇年代に両者がほぼ並行する形で国際的順位を急落させていった。そして両指標とも現在に至るまで復活のきざしをみせていない。

九〇年代に日本の順位が急激な下降線を描いた背景には、バブル崩壊の影響などいくつかの原因があると考えられる。ただその間、九〇年代半ばのIT革命に象徴されるような産業構造の転換、すなわち工業社会からポスト工業社会への移行があったことを見逃してはいけない。そこで大げさにいうと「競争のルール」が変わったのだ。

アメリカ経済は同じように不況を経験しながら、九〇年代にV字復活を遂げた。その原動力がイノベーションや起業だったことはよく知られている。対照的に日本では、イノベーションも起業も低調に推移した。その結果、欧米はもとより中国・韓国などの新興国にもその地位を脅かされているのが現状である。ほかに原因はあるにしても、後に詳しくみるように産業界および企業内の同調圧力がイノベーションや起業の足を引っ張っていることは否定できない。

そして日本の将来を方向づける研究や教育の世界に目を移しても、同様の現象が足かせになっていることが読み取れる。たとえばイギリスの教育雑誌「タイムズ・ハイアー・エデュケーション」が発表している世界の大学ランキング（二〇二一年版）によれば、日本の大学で二〇〇位以内に入ったのは東京大学（三六位）と京都大学（五四位）の二校だけである。ちなみにアジアのトップは中国の清華大学（二〇位）で、上位はアメリカとイギリスの大学が独占している。

そこでの評価基準には研究レベルや留学生比率などが含まれており、世界に広く門戸を開いて優秀な人材を獲得している英米と、後述するように留学生にも閉鎖的で横並びの風土から抜け出せない日本との差が反映されているといえよう。

要するに個人にとっても、組織や社会にとっても同調圧力のマイナス面がプラス面を上回るようになり、しかもバランスシートは悪化するいっぽうなのである。そこへもってきて近年、ＩＴやＳＮＳの作用もあって同調圧力の性質が変異し、いちだんと危険性を増している。このまま放置しておけば日本人の幸福度はますます低下し、日本の存在感もいっそう薄れていく可能性が高い。

もはや「日本人だから」「日本の文化だから」というだけで片づけるわけにはいかない。事実、いろいろなデータが示すように日本人が本来集団主義的だとは決めつけられないし、周囲に同調しやすいともいいきれない。だとしたら、現実に同調圧力を強く感じ、それがさまざまな問題を引き起こしているのは、やはり社会的環境に原因があるからだと考えられる。

みえない「正体」に迫る

では、この問題を私がどう受け止め、本書で何を語ろうとしているのか。本論に入る前に、本書を執筆するに至った背景と併せて述べておくことにしよう。

私は組織学者を名乗っているが、もともと組織が好きなわけではない。組織が好きでないからこそ組織に興味を持ち、組織の研究を始めた。その意味では、難病をこの世から撲滅したいと思って医学の道を志した人や、犯罪を減らしたいという動機で犯罪学を専攻した人と同じかもしれない。そして、組織が苦手な人でも受け入れられ、自由に能力や個性を発揮できるような組織や社会をつくるにはどうすればよいかをいまも研究し続けている。

そもそもなぜ組織が好きでないかというと、学校、地域、職場などあらゆる組織がメンバーに対して必要以上に同調を迫っていると感じるからである。その実感こそが私の研究の原点だといっても誇張ではない。もっとも、単なる個人的な思いをぶつけるだけでは研究を続ける資格がないし、モチベーションもわかない。はたして私の感覚が人びとと共有できるものか、そして理論的（論理的）に正体を解明し、納得できる解決策を示せるかがポイントになる。

幸か不幸か、密かにささやかれる世間の人びとの本音を拾い集めると、実に多くの人がさまざまな共同体の同調圧力に対して何らかのネガティブな感情を抱いていることがわかってきた。

人びとが薄々感じているとおり、平成に入ったころから私たちの身近なところで同調圧力がじわじわと強まっている。それは、いろいろな数字や象徴的な出来事にもあらわれている。しかも市井の人びとを息苦しくさせているだけではなく、組織や社会、国全体を陰でむしばんでいる実態が明らかになってきた。

そして令和という時代を迎え、コロナ禍を経験したいま、新しいタイプの同調圧力が私たちを脅威にさらしている。ところが、これまでとタイプが違うため存在そのものが十分に認識されておらず、対策も打たれていない。このまま手をこまぬいていては人も、組織も、社会も急速に疲弊し、もしかするとこれまで経験したことがないほど住みにくい社会になっていくかもしれない。

なぜ日本では、大は国家から小は職場やクラス、ＬＩＮＥグループまで「共同体」になっていくのか？

なぜ、その中で同調圧力がかぎりなくエスカレートしていくのか？

背後で圧力をかけているものは、いったい何なのか？

新たな同調圧力の脅威とはどのようなものか？

本書では、第1章で「同調圧力」の仕組みを、第2章では現象としての同調圧力を解説する。その後、第3章で平成に起きた事件や不祥事を振り返りながら、第4章では令和に入ったいまの時代に同調圧力がどのような問題を引き起こしているのか、そしてどんな危機が迫っているかという核心部分に迫っていく。それを踏まえて第5章では、個人として、また組織や社会が同調圧力にどう立ち向かうべきかを論じる。

同調圧力の正体を明らかにするとともに、同調圧力がなくても秩序が保てる組織や社会をつくるにはどうすればよいかを深く考えたい。

（注1）山﨑聖子「個人・生活観」池田謙一編著『日本人の考え方 世界の人の考え方』勁草書房、二〇一六年

（注2）佐藤博樹「ダイバーシティ経営と人事マネジメントの課題」鶴光太郎編著『雇用システムの再構築に向けて』日本評論社、二〇一九年

第1章

なぜ日本社会はこれほど窮屈なのか

1 職場も学校も共同体に変質

プライベートまで面倒をみるのは当たり前?

序論で述べたように、私たちが同調圧力を感じるのは多くの場合、共同体の中においてである。そこで、そもそも共同体とはどのような性質のものなのか、共同体と組織はどこが違うのかを説明しておきたい。

「会社は社員の面倒をみるべきだ」「クラスメートはみんな仲良くしなければならない」「大切な子どもたちのためPTA活動には損得勘定抜きで関わるべきである」

それを当たり前だと思っている人が多いのではなかろうか。しかし、そのような「常識」は本来の姿からするとかなり歪んでいる。やや教科書的な話になるが、出発点としてその理由を説明しよう。

集団(組織を含む)は大きく二種類に分けることができる。一つは家族やムラのように自然発生的で情によってつながる集団であり、「基礎集団」と呼ばれる。もう一つは特定の目的を追求するためにつくられた集団であり、「目的集団」と呼ばれる。ゲマインシャフトとゲゼルシャフト（F・テンニース）、コミュニティとアソシエーション（R・M・マッキーバー）、第一次集団と第二次集団（C・H・クーリー）などはいずれも同様の分類である。大まかにいえば、ここでいう基礎集団は「共同体」、目的集団は「組織」に相当する。

この分類に従うなら、企業はもちろん、学校やPTA、それに政党や競技団体などはいずれも具体的な目的を達成するために設けられたものだから、組織（目的集団）であるはずだ。

ところが日本では、典型的な組織であるはずの企業でさえ共同体のような性質を併せ持っている。正社員になれば会社の一員として身分が保障され、終身雇用制と年功序列制のもとではまじめに働いていれば給与と職位がほぼ自動的に上がり続ける。また独身寮や社宅、各種手当、年金など手厚い福利厚生によって家族ともども安定した生活を送ることができた。

制度だけではない。少し前までは社員の結婚や家族の葬式といった私的なイベントまで、同僚社員が手伝うのが当たり前だった。中小企業になると会社への忠誠と献身を求めるいっぽうで、社員をしばしば自宅に呼んで食事を振る舞うなど、まるで家族のように扱う経営者も少なくなかった。

学校も、ＰＴＡも、地方自治体も共同体化

要するに正社員になれば会社の一員として全人格的に取り込まれるわけであり、そのような雇用形態が「メンバーシップ型」と称されるゆえんである(注1)。

学校でも子どもたちは常に集団で行動することが重視され、休み時間までみんな一緒に一輪車に乗ったり、縄跳びをしたりするよう促される。そして授業だけでなくクラブ活動や掃除、給食なども教育の一環と位置づけられ、子どもの家庭環境に応じたケアをするなど生活面にまで学校が深く関わってきた。

会社や学校以外の組織にも同じような特徴がみられる。たとえばＰＴＡ（Parent-Teacher Association）はその名のとおり本来はアソシエーション、すなわち目的集団で

あるはずだが、実際には各種の親睦行事を催したり、集まって一緒に活動することに価値をおいたりする傾向がみられる。

同じ組織でも地方自治体や地域の自治会になると、性格はやや複雑さを増すものの本質は変わらない。地方自治体は行政組織だが、大企業や大学など地元経済にとってプラスになるものは誘致するいっぽう、放射性廃棄物や軍事基地のような地元の反対が強い施設の受け入れは拒否するなど「利益共同体」の側面もある。町内会などの自治会もいっぽうで行政の末端組織としての役割を果たしながら、同時に住民の共同体でもある。

そのほかにも本来は組織であるにもかかわらず、実際には共同体としての特徴を備えた「疑似共同体」がたくさん存在する。日本では一般論として、「組織が共同体化する」といえるかもしれない。

2 同調圧力の背景にある三つの要因

転職を抑制する制度の壁

なぜ、日本では組織や集団が共同体になるのか？　なぜ、そこで同調圧力が生まれやすいのか？

日本社会の特徴に注目すると、そこに三つの要因が浮かび上がってくる。

第一の要因は「閉鎖性」である。

すでに述べたとおり、日本では国から地方、そして地域、会社、学校、クラスまで共同体型の組織が何重もの入れ子状態になっている。

いちばん外側の国レベルでは、日本が地理的に島国であるため他国との往来が制約されていたうえ、歴史的にも鎖国を経験し、海外からの移民も少ないことが大きい。そして現在でも独特の言語、制度、文化、慣習などの存在が人の移動や交流の壁となっている。そのため構造的に共同体化しやすい。

会社や学校などのレベルになると、日本特有の閉鎖性はいっそう色濃くなる。

働く場についていえば、日本では欧米のような企業横断的に結成された労働組合や職業団体が存在せず、外部労働市場は発達していない。いっぽうで日本企業に定着しているのが、いわゆる「三種の神器」すなわち終身雇用制、年功序列制、企業別労働組合であり、社員はいったん就職したら、定年もしくは定年近くまで同じ会社で働き続けることが暗黙の前提になっている。なお終身雇用にしても年功序列にしても、すでに崩壊したという見方もあるが、平均勤続年数や年齢別平均賃金などの数値にもあらわれているように、制度の骨格そのものは残存している。

もちろん、これらの制度が存在するからといって形式上は移動（転職）が制約されているわけではない。しかし突出した能力の持ち主でないかぎり、中途で退職すると給与面でも職位の面でも、より条件のよい職場に移れる可能性は低い。他社での経験や実績が、年功的な序列に反映されないからである。また企業別に組織された労働組合は、当然ながら社員の転職をサポートしてはくれない。つまり「三種の神器」は、いまなお参入・退出の厚い壁となって実質的に移動を妨げているわけである。

このように人の出入りが少ない組織の中では、その会社に独特の経営が行われるようになる。人材育成の面では企業特殊的能力、すなわちその会社でしか通用しないような技能・知識や、仕事の進め方を身につけさせることに重点が置かれる。たとえば具体的な顧客情報や社内の慣行・手続き、独特の製造方法などである。

また社宅、各種手当、企業年金などは社員だけでなく家族の生活にも深く関わる。会社を辞めたら転居を余儀なくされ、生活基盤も一からつくり直さなければならない。このように手厚い福利厚生も、中途退職を抑制する力として働いている。そして会社の傘のもとで職業生活を送っていると人間関係も自ずと閉ざされたものになり、地域や外部のサークルなど社外には広がらない。そのため退職すると居場所がなくなる。結果として、ますます会社に依存するという循環に陥る。

人間関係を固定化する、閉ざされた集団

同じような構図は学校にもみて取れる。多くの地域では子どもが入学する小・中学校

はほぼ決められていて、いったん入学すると容易に転校できるような風土ではない。しかも日本では部活など教科以外の活動も学校単位で行われるため、生活全体が一つの学校に依存するようになる。人間関係もそれだけ固定化され、濃密になりやすい。

子どもたちだけでなく、教員の世界も同様である。高等学校以下の学校教員になるには原則として教員免許が必要で、外の世界から入ってくる人はまれである。そして公立小中学校教員の場合、普通は六、七年程度で異動するが、異動範囲は市内か、府県内でも一定の区域内にかぎられている。そのため普通の教員は、狭い範囲で職業人生を送ることになる。

異動範囲が狭いだけではない。日本の教員は授業だけでなく部活動を担当し、児童・生徒の生活指導なども担う。とりわけ近年は教育現場の多忙化で、教員が学校ですごす時間は長くなる傾向にあり、学校以外の世界に触れる機会を持ちにくい。したがって「開かれた学校づくり」という掛け声とは裏腹に、ますます閉鎖的になりやすいのが実態である。

閉鎖性は、そのほか多くの組織にも共通する特徴である。

スポーツの世界に目を向ければ、大相撲では力士が自分の意思で部屋を移ることはできないし、アマチュア競技では暴力事件やパワハラ（パワーハラスメント）が起きるたびに背景にある固定的な師弟関係が問題視される。また競技によっては、いずれかの団体に所属していないと大会に出場できないという制度が存在した。

芸能界でもタレントが所属事務所を辞めると一定の期間、芸能活動を禁止する慣行があり、それが独占禁止法に抵触すると公正取引委員会から指摘を受けた。政治の世界の派閥や、さまざまな世界に存在する学閥なども閉鎖性を示す典型例である。

このように日本では組織が閉鎖的になり、いわゆる「ムラ社会」になりやすいところに一つの特徴があるといえよう。

そして閉鎖的な組織では、いわゆる内部最適が追求され、そこから特殊利益が発生する。内部にいるだけで得をする構造である。その利益を守るため、しばしば組織本来の目的が後回しにされる。当然ながら内側から閉鎖性を崩そうという動きは出てこない。

拡大する内外格差と「心理的閉鎖性」

組織の内部では、共同体の維持とメンバーの利益追求に足並みそろえて行動するよう、同調圧力が生まれる。経営学者の岩田龍子《りゅうし》は日本企業を圧力釜にたとえたが、(注２)そのたとえどおり出口をふさがれているので内部の圧力は強くなる。それは企業にかぎらない。たとえばＰＴＡにしても町内会にしても、半強制的に加入させられ役員も選挙かくじ引き、あるいは輪番で有無をいわせず割り当てられる。離脱の自由がないので組織の「内圧」が高まり、息苦しくさせるのである。

また、圧力はタテの方向からだけでなくヨコの方向からも加わる。閉鎖的な世界では、内部の人びとが共通の利害、運命を背負うようになる。いわゆる運命共同体である。たとえていうと漂流する船に乗る人びと、あるいは洞窟に閉じ込められた人びとのようなものだ。だれかが勝手な行動をとると全員の命が危険にさらされるので、互いに行動を厳しく規制する。また飲み水や食料はかぎられているので、奪い合いにならないよう相互に牽制する。

そして、だれかが得をするとだれかが損をするという「ゼロサム」構造は、組織や集団の規模が小さいほど鮮明になる。たとえば社員が一万人の会社なら一人や二人が少々勝手な振る舞いをしてもほかの人にあまり影響はないが、社員が一〇人の会社だと一人でも非協力的な行動をすればほかのメンバーに大きなしわ寄せがいく。一般に小さな組織や集団ほど同調圧力が強くなり、抜け駆けが許されないのはそのためである。

さらに閉鎖的な組織では、待遇など勤務条件の内外格差が大きくなる。たとえ同じ能力の人でも所属する会社によって給料や福利厚生、それに雇用保障などの面で極端な差がつく場合もある。そのため条件に恵まれた組織ほど、組織を離れると失うものが大きくなる。それが組織に対する依存度をいっそう大きくする。官僚や大企業社員といったエリートがしばしば上司の意向を過剰なまでに「忖度」するのは、彼らの待遇や社会的地位が世間相場に比べて相当に高いことと無関係ではない。

また閉鎖的な組織や集団は外からの目が届きにくい。そのため不正や歪んだ行いが生じていてもブレーキがかからない。世間のひんしゅくを買った教員間のいじめや、警察官による不祥事の中には、学校や警察というとくに閉鎖的な組織だからエスカレートしたと考えられるケースもある。

そしてもう一つつけ加えておきたいのは「心理的閉鎖性」とでもいうべきものの存在

である。上司や組織の圧力を強く感じて不正を働いた人や、自ら命を絶つ寸前まで追い込まれた人が、しばしば当時を振り返って「ほかに方法はなかった」と口にする。第三者が客観的に考えたら、組織を離脱したり仲間から干されたりすることは、罪を犯したり命を絶ったりすることに比べるとはるかに容易なはずである。しかし閉鎖的な環境の中にいると思考の範囲が限定され、あるいは組織に対して精神的に従属させられ、共同体から外に出ることの心理的なハードルが極端に高くなるようである。

また「心理的閉鎖性」は、関心が外に向けられなくなったときにも強くなる。コロナ禍の影響で人びとが自粛生活を強いられたとき、ＳＮＳなどで他人へのバッシングや揚げ足取りが目立ったのはその好例である。当然ながら自粛生活のもとではＳＮＳに依存するので、その被害者もまた増えたに違いない。

「ムラ社会」の浸透は海外駐在員たちにも

第二の要因は「同質性」である。

各国の外国人人口割合（二〇一四年）をみると、アメリカ（七・〇％）、イギリス（八・

〇%）、フランス（六・四%）、ドイツ（一〇・〇%）などと比べ、日本（一・七%）は極端に低い。（注3）さらに海外にルーツを持つ人びとを含めると、その差はもっと広がる。出身国が違えば民族、そして宗教や文化も違ってくる。要するに日本は欧米などに比べ、はるかに同質性が高い国なのである。

閉鎖的なところに同質性が加わると、いっそう共同体としての性格が強まる。

一般に地域社会は、会社や役所のような組織と違って制度の骨格が弱い。そのため閉鎖性や同質性が地域の文化に影響を与えやすい。

高度成長期に各地で誕生した団地を対象にフィールドワークを行った原武史は、地理的に周囲から孤立し、かつ大企業サラリーマンが中心で家族構成も類似した世帯からなる団地で、独特の文化が形成される様子を紹介している。そこにあるのは親しく近所づき合いをしたり、電車の中で新聞の貸し借りをしたり、といった日常の風景だ。（注4）

また海外の日本人コミュニティで暮らす人たちからは、日本国内にいるとき以上に住民の序列意識が強いとか、つき合いに気を遣うという声が聞かれる。夫が勤める会社の規模や役職が、妻どうしの発言力にも微妙に影響しているともいわれる。それも日本企業の現地駐在員の家族という共通性があり、しかもかぎられた人たちがある意味、運命をともにするところからきているのだろう。

ところで企業のような組織の場合、経営者や管理職の立場からするとメンバーが同質的なほど扱いやすい。また次章で述べるように、かつては同質的な集団のほうが仕事の生産性の面で優れ、他社との競争にも有利だった。そのためメンバーの同質化はいっそう意図的・体系的に進められていった。

意図的にメンバーを同質化させてきた企業の歴史

さらに日本では、戦後の民主化によって組織内の制度的な差別や格差をなくす、つまり同質化する方向に改革が進められたことも忘れてはならない。企業では戦前に存在した職員と工員の差別が撤廃された。労働組合も欧米のように産業別・職業別の組合ではなく、企業別に組織されるため、組合員の分断につながる職種間の格差を認めようとしなかった。また経営者も多くは内部昇進であり、労働者に真っ向から対立する存在ではなく「社員の代表」という性格を帯びている。それゆえ欧米と比べ経営者と一般社員の報酬格差ははるかに小さく、その意味でも広い視野でみれば日本企業は同質的な集団だといえる。

そこへ組織のスクリーニング（ふるい分け）作用が加わり、同質性はいっそう強くなる。

社員を採用する際、少なくとも中堅以上規模の企業では、学歴や大学の偏差値によってあらかじめ対象をある程度限定している。さらに、その中から自社のカラーと一致する人材を採るため、面接や適性検査によってふるいにかけるケースが多い。そして人事評価ではいわゆる「情意考課」によって協調性や望ましい態度・行動が評価され、しかも大部屋主義で集団単位の仕事が多いため、だんだんと価値観や行動性向も似通ってくる。このような何重ものスクリーニングによって会社は、しばしば「金太郎飴」と揶揄《やゆ》されるように同質的な人材の集団になる。何げないしぐさや言葉遣いだけで、「あの人は○○社の人だ」と見当がつくくらいである。

逆にいえば、日本企業は同質的な人材の集団でなければ成り立たない構造になっている。たとえば会議における全会一致の意思決定方式にしても、関係者全員が判子を押す稟議制にしても、集団的な執務体制にしても、異分子が混じっていれば機能しない。

同質的なのは個々の企業だけではない。財界の総本山といわれる経団連もまた、その同質性が際だつ。会長のほか副会長一八名も全員が男性（二〇二一年四月現在）で、そのほとんどが生え抜きによって占められている。日本の産業界全体が「ムラ社会」と皮肉られるゆえんである。なお二〇二一年度には女性の副会長就任が予定されているが、少なくとも問題の半分は同質化が背景にあることを忘れてはならない。

大企業の経営戦略や人事制度などがどの会社も似通っているのは、産業界全体の同質性と無関係ではない。その意味で「総本山」の同質性は象徴的である。

いっぽう教育の世界では、公立の小中学校が地域ごとに設置されているので、各学校には地域の特性が色濃く反映される。たとえば団地ならサラリーマン家庭の子、商店街なら自営業の子、農村なら農家の子が多数を占める。しかも日本では学習指導要領に基づき、画一的なカリキュラムに則って授業が行われるため、いっそう同質化しやすい。

そのような環境の中で生まれる「仲良しグループ」がさらに同質的になるのはいうまでもない。

同質的なほど、○○のハードルが上がる

同質的な集団では、メンバーのコンテキスト（背景）が共有される。

個人的な話になるが、私は典型的な農村の出身で、何代もその土地に住み続ける人びとの中で育った。そして、いまでも地元の集まりに時たま顔を出す機会がある。地域の男性が集まると、唐突に「なぜ満塁でピンチヒッターを出さなかったのだろう」「○○は最近、調子がもう一つだな」といった会話が始まる。

外部の人が聞いたら何の話かわからないが、みんなジャイアンツファンで、前日にテレビでナイターをみていたことが暗黙の前提になっているので話が通じる。当然ながら野球好きでジャイアンツファンの男性以外は話の輪に入っていけず、ちょっとした疎外感を味わう。いっぽう都会の職場では関西ならタイガース、広島ならカープの話題が挨拶代わりになり、タイガースファンやカープファン以外は少し肩身の狭い思いをするだろう。職場も一種の「ムラ」社会なのだから。

このように同質的な集団の中ではコンテキストが共有され、それが会話の前提にな

る。しかも同質性が高いほどメンバーの最大公約数が大きくなる。つまり共有すべき規範のハードルが高くなるのだ。スポーツの話題くらいなら問題にならないが、それが仕事や社会活動にまで及ぶともはや無視できない影響が生じる。

身近な例として、駅のエスカレーターではいくら歩かずに乗るようアナウンスされても、みんなが歩けば自分も歩かなければならない。とくに通勤・通学の時間帯は大半の人が急いでいるので、ますます歩かずに乗ることを許さないプレッシャーを感じる。自分だけ止まって乗っていたら、にらみつけられたり、押しのけられたりすることもある。

不思議なもので、海外で電車に乗っているときなら隣の人がスマホで話していても気にならないが、国内で同じ姿を目にしたら、「なんだ、この人は」という気持ちになる。コロナ禍のもとでのマスク着用についても同じだ。やはり同じ日本人だということで期待値が上がるのである。

職場では、それがもっと深刻な問題になる。たとえば共同で作業をするとき、どうしても七時までしか残業できない人がいると作業を七時で切り上げざるをえないが、みんながら何時でも大丈夫だといえば一〇時、一一時まで残業することになってしまう。PTAの会合も平日の昼間に開催され、しかもお茶を飲みながら二時間も、三時間も延々と続けられたのは、役員のほとんどが専業主婦で比較的時間に余裕があったからである。

その点、異質なバックグラウンドを持つ人がメンバーにいるとハードルが下がる。ずっと昔、勤めていた大学でこんなことがあった。会議の中で、社会人のため休日に授業を開こうではないかという提案がなされた。教員たちの表情から、大半の人がその案に乗り気でないことがわかったが、だれも反対の声を上げられない。そのとき、会議に参加していた一人の外国人教員が、「日曜日は教会に行く日なので勘弁してほしい」と発言した。すると堰《せき》を切ったようにあちこちから反対意見に賛同する声が上がり、結局、別の案が取り入れられることになった。

これが日本人ばかりだったら、みんな波風を立てるような発言はせず、不承不承受け入れるだろう。どうしても反対したいなら、「日曜日まで学校に来るのは学生の負担が大きいのではないか」とか、「事務の職員に迷惑をかけられない」といったお為ごかしの策を用いるしかない。

異質が当たり前な「マレーシア」のまとまり方

日本企業も海外に進出すると、そこは日本と違って社員一人ひとりは異質なのが当たり前の世界だ。なかでも代表的な国がマレーシアである。マレーシアはマレー系のほか中国系、インド系など多様な民族が混住する典型的な多民族国家である。それぞれ宗教も違うので休日やお祈りの時間、食事の戒律などもまちまちだ。そのため全社員がいっせいに働き、いっせいに休むという日本式マネジメントが通用しない。

そこで、ある会社では必ずみんなで行わなければならない仕事が何かを洗い出し、それ以外、たとえば勤務時間や休日などは一人ひとりの裁量に委ねるようにした。すると現地の社員はいうに及ばず、日本人社員にもたいへん評判がよかったという。

学校でも、日本だと子どもたちの学力が比較的似通っているので、普通に教えれば理解できているという前提で授業が進められる。そのため理解の遅い子が混じっていれば授業についていけず、落ちこぼれてしまう。ところが現地で話を聞くと、マレーシアでは理解力に差があるのは当たり前なので、たとえ授業がわからなくても落ちこぼれる心配はないという。

マレーシア在住のジャーナリスト野本響子によれば、小学校のクラスメートは年齢がまちまちで、親が子どもの様子をみながら何年生から学校をスタートするか決める。何歳だから何年生とは決まっていないそうだ。(注5)

また野本は日本の学校と対照的に、あらゆる場面で個人の選択が重んじられていることを強調する。たとえば、インターナショナル・スクールではスポーツ大会や遠足などへの参加は毎回、「こういった行事があります。出ますか? 出ませんか?」と聞かれる。クラブ活動もたくさんのリストから、毎年二〜三種類を選ぶのが一般的だといわれる。(注・同右)

こういうと、現地の人たちは大人も子どもも個人主義でバラバラな印象を与えるかもしれないが、そうではない。彼らは民族や宗教などによる共同体をつくっているし、地域にも共同体がある。それぞれの共同体に対して多元的に帰属していて、複数の共同体が会社組織の中にも入り込む。それはマレーシアにかぎった話ではなく、程度の差はあれほかのアジア諸国や欧米の国々にも共通することである。そのためメンバーの最大公約数は小さく、日本社会ほど同調圧力が強くならないのである。

もちろん日本でも、組織の中に異分子がまったくいないわけではない。しかし異分子がごく少数の場合、同調圧力に抗うことは困難であり、通常は多数派に押し切られてしまう。先ほどあげた大学の例で、外国人教員が単独で同調圧力を跳ね返したのは、日本人にはない強靱な自我を持ち合わせていたからだろう。一般的にいえば、同調圧力の強さは多数派の占める割合が大きいほど、言い替えるなら少数派の占める比率が小さいほど強くなる。日本の社会にしても、組織にしても同質性が高いので、多数派がすぐ圧倒的比率を占めてしまうのだ。

小さな集団ほど圧力が強くなる？

こうしてみると同じ集団でも、身近な集団ほど同調圧力が強くなることがわかるだろう。ちなみに社会学者のジンメルは一世紀以上前に刊行された著書の中で、すでにこのことを示唆している。「…（略）…より狭い圏への帰服は一般的には、できるだけ大きな公共のなかの生存よりは個性そのものの存続にとっては有利ではない(注6)」と。

集団が小さくなるほど共通の属性を持つ人、意見の似通った人が集まりやすい。逆に異質なメンバーがいる確率は低くなる。したがって集団の最大公約数が大きくなり、同調すべき基準のハードルが高くなる。その点からいえば、学校でいま進めようとしている少人数クラスも良い面ばかりではないことがわかる。少人数化を進める理由の一つに「いじめ対策」があげられているが、少人数クラスにすると教師の目が届きやすくなる反面、同調圧力が強まる恐れがあることも念頭に置くべきではなかろうか。

さらに小規模な集団では、メンバーが互いに監視し合うようになる。しかも監視の目は日常の行動や態度などにまで及び、微に入り細にわたって干渉される。江戸時代の五人組や戦時中の隣組はその典型であり、いまでも会社の係やチーム、あるいは職場や学校の仲良しグループに相互干渉の窮屈さを感じている人は少なくないだろう。実際に人間関係の深刻な悩みやストレスは、たいていがこのように身近な集団の中からきているといってよい。

もっとも後に述べるように、身近な集団は実質的にも精神的にもメンバーの支えとなり、ある意味では不可欠な存在だ。だからこそ、そのプレッシャーから逃れにくいというジレンマがある。ただし、これも後述するとおりジレンマから逃れる方法がないわけではない。

なぜフランスの組織では圧力を受けないのか？

閉鎖的で、かつ同質的な日本社会では同調圧力が強くなる。このことは十分に理解してもらえたと思う。しかし冷静に周囲を見回してみると、閉鎖的・同質的な組織や集団でも同調圧力が強くなるとはかぎらないことがわかる。

そのことを示す適切な事例がある。それは、かつて私が訪問調査したフランスの県庁や村役場で働く地方公務員である。フランスの公務員はアメリカやオーストラリアなど英米系の国と違って転職が少なく、長期雇用が一般的だ。また組織の階層は日本よりむしろ多く、定期昇給制も取り入れられている。その点ではかなり日本の役所に近い。しかも多様な民族の人が一緒に働いているわけでもない。

ところが彼らにインタビューすると、周りを気にせず休暇を取るし、「同僚が残っているから帰りにくいということはまったくない」と異口同音に語る。休憩を取るのも人によってまちまちで、日本のように上司に断ったり周りの目を気にしたりする様子はない。

では、いったい何が日本と違うのか？

それは仕事の分担が一人ひとり明確になっているか否かである。ほかの欧米諸国と同じように、フランスでは一人ひとりの職務が明確に定められている。もちろんデスクも一人ひとり仕切りで分けられている。そのため自分の仕事をしっかりこなしていれば、周りの目を気にする必要はないのである。しかも周りに同調しないからといって不当な評価を受けたり、異動させられたりする心配はない。万が一、不当な扱いを受けたとしても分担が明確なので、問題なく仕事をこなしていることを示して抗弁できる。

ここで再び圧力釜のたとえを用いると、圧力に弱い食品は固いカプセルに入れておけば釜の中の圧力が高まっても大丈夫である。そのカプセルに相当するのが仕事の分担であり、個人の権利保障である。

その点、日本の企業や役所では課や係といった集団で行う仕事が多く、一人ひとりの分担は明確でない。そのため人事評価にも上司の主観や裁量が入りやすい。それが周囲からの同調圧力を受けやすくしている。集団で行う仕事では相互依存度が高く、だれかがサボるとほかの人が迷惑するという合理的な理由もある。

職場にかぎらず、学校でも掃除や給食当番など共同作業が多い。しかも運動会の組体操やムカデ競走に象徴されるように、自ら手をさしのべる積極的な助け合いやチームワークより、受け身の協力が重視される。また団体スポーツではメンバーの犯した非行によって、無関係な選手まで大会出場の機会を奪われるといった連帯責任の慣習がいまだに残っている。

ＰＴＡや町内会も作業や催しなどの活動は全員参加が原則で、会議は全会一致で筋書き通りに進められるのが慣例になっているケースが多い。したがって集まりに欠席したり、会議で異議を唱えたりすると白い目でみられることがある。

組織の中だけでなく社会的にも自己と他者が明確に分化されていない。そのため、たとえばコロナ禍のもとで感染を防ぐために自粛が求められると、それが即「他粛」につながる。自分は自分、他人は他人という発想ができないのである。

要するに個人が「未分化」、すなわち個人が組織や集団の中に溶け込んでしまっているため同調圧力を受けやすいといえる。これが、第三の要因だ。

以上、組織や集団の同調圧力を規定する要因として、「閉鎖性」「同質性」「未分化」の三つをあげた。閉鎖的、同質的な組織や集団は共同体になりやすく、さらに個人が未分化だと同調圧力に無防備である。この三要因は日本社会、日本の組織・集団の特徴をあらわすキーワードともいえる。それゆえ日本の社会や組織や集団の中で、人びとが同調圧力を強く感じるのは当然だろう。

3 加圧装置としての共同体型組織

コロナ禍で強硬措置を控えた理由

「自主的活動だが全員参加が原則」。かつて日本の産業界で一世を風靡したＱＣサークル※をはじめとする小集団活動において、社員に向けられたメッセージがこれだった。この言葉こそ、日本の組織がメンバーと向き合うスタンスを象徴的にあらわしている。それを詳しくみていこう。

第1節で述べたように、日本の組織は共同体化しやすい。共同体化した組織を私は「共同体型組織」と呼んでいる。共同体型組織は一見するとメンバーにとってやさしい。典型的な官僚制組織のようにいきなりルールを盾にとって強制したり、取り締まったりしない。ときにはルールに違反しても見逃されることがある。

コロナ禍のもとにおける国や自治体の対応にも、そのような姿勢があらわれていた。二〇二〇年の春から夏にかけて新型コロナウィルスが世界に蔓延し、感染者が急増したとき、欧米など海外の国々は次々とロックダウンに踏み切った。そして、外出制限に違反した者には罰金を科すなど強硬な措置をとった。

それに対し日本では、緊急事態宣言を出した際にも欧米のような強制ではなく、店舗には営業の自粛を、国民にはいわゆる「三密」を避けることを要請するなど、「お願い」ベースで対処した。強硬措置をとらずとも活動を自粛し、爆発的な感染を防いだ日本人は「民度が高い」と自賛して差別的だと批判された大臣もいたものだ。

小集団活動にしてもコロナ対応にしても、イソップ童話の「北風と太陽」にたとえるなら太陽路線であり、日本は人に対してソフトで優しいという印象を与える。
しかし、それはあくまでも一面に過ぎない。裏側には組織としてのルールや権限が厳然と備わっていることを見逃してはいけない。かりにルールや権限が存在しなくても、ソフト路線が行き詰まったときにルールをつくればよい。つまり、いざとなれば強面の顔があらわれるのである。たとえていうなら「衣」の下に「鎧」をまとっているようなものだ。

だったら、なぜ最初から規則を前面に出さないのか?

その理由としてまずあげられるのは、容易に想像できるように強制力を行使しないほうが相手の反発が小さいことだ。訴訟のリスクも免れる。つまり本来は組織が担うべき責任を共同体の自助努力(当然ながらそこでも同調圧力が働く)に転嫁できるわけである。したがって権力者にとっては、可能なかぎりその行使を控えたほうが得だという計算が働く。

※QCサークル　製造業などの現場における品質管理を自発的に行う活動のこと

政府が命令ではなく「お願い」をする本当の狙い

しかし、もっと重要な理由がある。注目したいのはリーダーの発言だ。職場で上司が部下に、学校で教師が生徒に、首長が住民に何かを働きかけるとき、日本では「〇〇しなさい」という命令調ではなく、「〇〇しましょう」といった誘いの形がとられる。それは自分と相手をある意味で対等な立場、すなわち同じ共同体のメンバーだと意識させることによって、相手からいっそう大きな貢献や譲歩を引き出せるからである。

文脈はやや異なるが、コンフリクト（争い）への対応について、組織学者のJ・G・マーチとH・A・サイモンはつぎのように述べている。少々難解なので、かみ砕いて説明しよう。

当事者の利害が根本的に対立するときは「バーゲニング」（取引）や「政治的工作」の方法が、いっぽう根っ子の部分で一致しているときは「問題解決」や「説得」の方法が適している。しかしバーゲニングや政治的工作の方法をとれば、双方の利害が対立していると認めてしまうことになる。そうすると、組織はより有利なコントロールの手法を用いることができない。そのため組織はたいていの場合、根本的には利害が一致しているとみなして問題解決や説得の方法をとろうとする。(注7)

コンフリクトが生じているか否かにかかわらず、実際に運命共同体であること、すなわち双方の利害が一致していることを持ち出すのはたいてい組織の側、あるいは管理職、教師、親といった上位者の側である。それによって従業員、生徒、子から自発的な服従と超過的な貢献を引き出せると考えるからである。たとえば親と子の意見が対立したとき「家族なので譲り合おう」と説得するのはたいてい親のほうで、「価値観が違うから放っておいて」というのは子のほうだ。

このように**利害を共有する共同体のメンバーだという建前をとることで、組織は超過的な貢献を要求することができる。**

先に述べたように小集団活動は建前上、自主的な活動とされている。そのため実質上は参加が半ば強制されているにもかかわらず、当初は勤務時間外に無報酬で行われた。制度によって参加を強制するなら当然、勤務時間内に行わせるか、超過勤務手当を支払わなければならない。半ば日常的に行われているサービス残業や休暇の取り残しにしても、損得抜きで仕事をこなすのが当然といった空気が背景にある。いずれも会社が共同体だという前提が存在するから、受け入れられるのである。

新型コロナウィルスへの対応にしても、政府は当初から飲食店などには営業禁止などの強制措置をとらず、強制力のない休業要請という手段で臨んだ。そのため休業補償という形ではなく、協力金の支払いですませられた。また欧米に比べて感染者も死亡者も少ないにもかかわらず、地方の知事が「うちの県には来ないでほしい」とか、「帰省しないでほしい」「不要不急の外出は慎んで」と県内外の人に呼びかけた。法律や条例ならとてもそこまで要求することはできない。さらに「自粛してください」ではなく、「自粛しましょう」と対等な立場で呼びかけたのも、同じ共同体のメンバーとして利害を共有する前提に立とうとするからである。

いざとなれば「衣」の下の「鎧」が……

しかし、ここでつけ加えておかなければならないことがある。前述したように、かりに圧力が通用しなかった場合、「衣」の下から「鎧」が顔を出す。その「鎧」すなわち

「自主的」な強制力を担保するものはしっかりと用意されている。ただ共同体意識にうったえているだけではないのだ。

小集団活動の場合、活動に参加しなければ当然ながら人事評価に反映される。とくに日本企業では態度や意欲といった情意面がかなりのウェイトを占める。たとえ仕事の能力が高く、業績をあげていても勤勉性や協調性、忠誠心などに問題があると昇進や昇格が見送られる可能性がある。あるいは望まぬ職場へ左遷されるかもしれない。長期雇用の中では、それが社員にとって大きな不利益につながる。したがって建前上は「自主的」であっても、実質的には全員参加になるのである。

また、かつて日本では官公庁による行政指導というあいまいな手段が頻繁に用いられたが、指導に従わなければ何らかの不利益を被るのではないかという恐れがあった。その後ろ盾があるからこそ、為政者はあえて強硬な姿勢で臨まなくてもすむのである。

そうした「柔」と「剛」二段構えの政策が顕著にあらわれたのが、二〇二〇年の末ごろからやってきた新型コロナウィルスの第三波である。

いわゆる「自粛疲れ」した国民や、利益をあげなければ生き残れない飲食店の経営者は、緊急事態宣言を出しても以前のように自粛しなくなった。そこで政府は方針を転換して特別措置法と感染症法を改正し、正当な理由なく営業時間短縮や休業の命令に従わない店舗や、入院を拒む感染者には過料という罰則を科すことができるようにした。

行政としては二段構えの政策をなんとしても維持したい。そのため「衣」を破ろうとする者には「鎧」があることをみせつける必要がある。

二度目の緊急事態宣言が解除された直後の二〇二一年三月、飲食店グループのグローバルダイニングが時短命令を出した東京都を相手に起こした損害賠償請求の訴訟は、それを強く印象づけるものだった。ほとんどの飲食店が渋々営業を自粛するか、「違反」しても行政が目こぼしできる程度にとどめていたのに対し、同社の経営者は時短営業に従わないことを自ら公表し、自粛依存の政策を真っ向から批判した。店舗数や発言力などからみても、その社会的影響力は無視できないほど大きい。したがって行政の立場からすると「違反」を放置したら自粛している店舗に示しがつかなくなり、営業自粛の要請という手段が使えなくなる恐れがある。そのため同社に対しては、時短命令という厳しい措置に踏み切らざるをえなかったのだと推察される。

会社や役所の中でも内部告発をしたり、職場の慣行を公然と無視したりする者に対してとりわけ厳しい態度をとるのは、そうしなければ「衣」に当たる部分、すなわち共同体の同調圧力によって得られるメリットを失いかねないからだ。

要するに、共同体の圧力による自発的な協力要請と、公式組織の力による強制という二段構えの手段を備えた日本式の共同体型組織は、**最初から強制に頼る欧米式の組織に比べて一見すると弱腰なようだが、実はより強力だということができる。**だからこそ組織は、なんとしてもその体制を守ろうとするのである。

（注1）濱口桂一郎『若者と労働　「入社」の仕組みから解きほぐす』中央公論新社、二〇一三年
（注2）岩田龍子『日本の経営組織』講談社、一九八五年
（注3）独立行政法人労働政策研究・研修機構『データブック国際労働比較』二〇一八年版
（注4）原武史『団地の空間政治学』ＮＨＫ出版、二〇一二年
（注5）野本響子『日本人は「やめる練習」がたりてない』集英社、二〇一九年
（注6）Ｇ・ジンメル（居安正訳）『社会分化論　宗教社会学』青木書店、一九九八年、五六頁
（注7）Ｊ・Ｇ・マーチ、Ｈ・Ａ・サイモン（土屋守章訳）『オーガニゼーションズ』ダイヤモンド社、一九七七年

第2章

圧力をエスカレートさせるもの

1 同調圧力の正体

イデオロギーとしての「共同体主義」

前章では同調圧力が生まれる「仕組み」について説明した。第2章では、同調圧力が引き起こす「現象」をみていきたい。ただその前に、「仕組み」を動かし圧力をかけるものについて解説する必要があるだろう。

仕組みだけでは圧力は生じない。つまり日本の組織特有の共同体化した組織や集団は、同調圧力が起きるための必要条件ではあるが、十分条件ではない。自動車にたとえるなら、いくら立派なエンジンや車体を備えていても燃料がなければ走らない。その燃料に当たるものが、人びとの意識である。

しかし、冷静な意識だけなら一定のところで歯止めがかかるのではないか。たとえば校則を守らない生徒に体罰を加えたり、仕事に支障がないのに副業を禁じたりすることはないだろう。また新型コロナウィルスの蔓延を防ぐためなら、十分な安全対策をとって帰省する人を責める必要はない。さらに、マスクをつけずにジョギングをしたり自転車に乗ったりする人を白い目でみる理由もなかろう。そもそも前述した「閉鎖性」「同質性」の水準を超えた同調圧力はかからないはずである。

ところが後述するように現実には会社の中でも、学校でも、そのほかの組織でも同調圧力がだんだんと強まっていく。また、しばしば周囲の環境変化と無関係に圧力がかかり続ける。そこには単なる共同体意識を超えた何かがあることをうかがわせる。

再び自動車のたとえを持ち出すなら、エンジンや車体があって、そこに燃料を入れただけではまだ動かない。ガソリン車だと燃料のガソリンを気化して圧縮し、そこへ点火して初めて車は動き出す。注目すべきなのは、そのプロセスを担うものがいったい何かである。

冷静な意識に基づく合理的な計算、あるいはほかの目的や価値との比較考量を超える社会的な力を生み出すもの――それはイデオロギーである。

イデオロギーは命令や権力に対する服従というタテの力だけでなく、民衆のある意味で自発的な行動というヨコの力も生む。

イデオロギーを、ある絶対的な価値観や信念ととらえるなら、ファシズムやナチズム、それに軍国主義はその代表格だ。このうち戦前・戦中の軍国主義についていえば、国家権力による迫害や残虐行為でさえ、背後にはそれを許容する思想と、それが醸し出す空気があったことが指摘されている。たとえば歴史社会学者の筒井清忠は、天皇をシンボルとしたポピュリズム、すなわち民衆による下からの突き上げが日米戦に突入させたと強調する。(注1)著者のいうポピュリズムそのものをイデオロギーと呼べるかどうかはともかく、背後に存在した絶対的な価値観にはイデオロギーに近似したものがあることは疑いがない。

また軍国主義はヒトラーのナチズム、ムッソリーニのファシズム、レーニン、スターリン、毛沢東の共産主義のように強力な独裁者に導かれたものではなかったという指摘もある。(注2)かりにそうだとしたら、軍国主義はナチズムやファシズムなどよりも、民衆に共有されたイデオロギーとしての性格がいっそう強かったといえるだろう。

いっぽう、民主主義やナショナリズム、ポピュリズムなどには必ずしも絶対的な価値観や信念とはいいがたいものがあり、イデオロギーの範疇に含めるのは適切でないかもしれない。

ファシズムや軍国主義のような強い政治性や強制力を持つものではないが、組織や集団、さらにその外側の一般社会に存在する同調圧力の背後にも一種のイデオロギーが垣間見える。

感情的にも、理念としても共同体を望ましいものとしてとらえ、共同体を積極的に維持・強化しようとする価値観。それを「共同体主義」と呼ぶことができる。ただ、そこに日本社会の特性が色濃く反映されていることを考えたら、正確には「和製共同体主義」ないしは「日本的共同体主義」と呼ぶべきかもしれない。しかも、それは社会科学の世界で行われてきた共同体主義（communitarianism）に関する哲学的な議論や内省を超越する点で、いっそうイデオロギッシュだといえるだろう。

本書では既存の政治思想や社会科学上の概念にこだわらず、共同体主義を「感情的にも、理念としても共同体を望ましいものとしてとらえ、共同体を積極的に維持・強化しようとする価値観」と定義する。

なぜ日本では共同体主義が受け入れられやすいのか

単なる「共同体意識」とイデオロギーとしての「共同体主義」の境界には若干のグレーゾーンがあるにしても、その間にはかなり濃い線を引ける。たとえば共同体の一員としての役割を自覚し、そこへ帰属して精神的安らぎや共同の利益を得ようとするのは共同体意識である。いっぽう「全員一丸」「絆」といった言葉を金科玉条のごとく唱え、メンバーの一致団結そのものを何より最優先するのは共同体主義だといえる。共同体の論理に対する批判や異論に耳を貸さず、ときには公然と、ときには隠然と排除・抑圧するのもイデオロギーとしての共同体主義である。

そもそも共同体とそのメンバーとは全面的に利害が一致するわけではないし、メンバーの間でも利害の対立は生じる。当然ながら共同体といえども一枚岩ではないのだ。にもかかわらず**強引に共同体へ同一化させようとするところに、共同体主義の根本的な問題がある**といえよう。

この共同体主義こそが、同調圧力の正体だったと考えられる。かりに多くの論者のように同調圧力は日本特有の風土や文化の所産だという見方をするなら、その風土や文化の核心が共同体主義かもしれない。しかし共同体主義そのものが直接、同調圧力をもたらしているわけではなく、日本特有の仕組みをとおして圧力がかけられていること、すなわち「閉鎖性」「同質性」「個人の未分化」を特徴とする共同体型の組織や社会が媒介しながら圧力を加えていることを見逃してはいけない。

では、共同体主義はどこから生まれたのか？

さまざまな要素が絡んでいるものの、やはり日本に特有の閉鎖的かつ同質的な組織・社会の構造が大きな要因であることは間違いなかろう。メンバーが同質的なので、自分がそうだから他人も同じだ、自分がするから他人もすべきだと安直に考えるし、閉鎖的な社会ではそれが自然に共有されていく。また上から要求されたら強制であるか否かにかかわらず、人びとは比較的抵抗なく受け入れてしまう。

つまり**共同体型の組織・社会という日本的な構造と、共同体主義というイデオロギーは、相互に影響し合いながら強化されていったと考えられる。**閉鎖的で同質的だったから共同体主義が広がったともいえるし、逆に共同体主義が閉鎖性、同質性をいっそう強めたともいえるのである。

共同体主義は、その性格からして自由主義や個人主義とは相容れ難いが、民主主義には溶け込みやすい。とりわけ参加型民主主義とは、理念的にも一致する部分がある。したがって日本では政治的に右からも、左からも支持される場合がある。

それは裏を返せば日本には右か左かの対立軸だけで、共同体主義に対抗するもの、たとえばアメリカにおけるリバタリアニズム（自由至上主義）のようなカウンター・イデオロギーが存在しないことを意味する。さらに欧米などほかの先進国に比べて基本的人権、とりわけ自由権に対する観念が比較的希薄だったことも背景にある。だからこそ組織のリーダーだけでなく、発言力のある有名人やオピニオンリーダーたちが当たり前のように共同体主義を鼓吹《こすい》し、人びとに恭順を求める。そして、人びとはためらいもなくそれに呼応してきたのだ。

前章で述べたように日本では企業も、学校も、そして政治の世界でも人びとに対して二段構えの戦略をとってきた。いきなり強権を持ち出すのではなく、まず一人ひとりの自発的な行動を求めるのである。それがしばしば功を奏し、強硬手段を温存できるのも背後に共同体主義が存在するからだといえよう。

ほかのイデオロギーと同様、共同体主義は支配する側だけでなく、支配される側にとってもある意味で都合がよい。本書の主旨に照らしてとくに注目したいのは、**共同体主義がさまざまな外部の利害対立のみならず、後述するように人の内面に生じる葛藤も回避する役割を果たすことである。**ただし注意がいる。第一に、短期的・直接的には有効だが、長期的には必ずしも有効でないという点。第二に、ある時代、ある経済的・社会的な条件のもとでのみ有効性を発揮するという点である。

いずれにしても共同体主義は恵まれた環境の中で、統治する者とされる者、タテとヨコの両方から育まれていった。そして時代の変化とともに存在感が薄れたかにみえながら、また組織や社会が大きな壁にぶつかるたびに、まるでゾンビのようによみがえる。共同体主義は日本社会のいわば通奏低音《つうそうていおん》として流れ続けているのだ。その様子は第3章、第4章でも詳しくみていくことにしたい。

忠誠・勤勉のエスカレートが生み出したもの

何者にも遮られることなくまかり通る共同体主義によって、同調圧力はとどまることなく強まり、それに呼応して人びとの同調行動はエスカレートしていく。当然ながら閉鎖的で同質的な組織や集団ほどエスカレートしやすい。メンバーの利害や考え方が一致しているという前提で事が進められるため、同調すべき目標を引き上げることに組織の側はもちろんメンバーの側にもためらいがないのだ。

では、同調行動がエスカレートすると、どんな現象が起こるのか。

その例としてふさわしいのが、前章で予告したとおりQCサークルに代表される小集団活動だろう。

QCサークルは職場における品質管理の一環として一九六〇年代から日本企業に導入され、産業界全体へ燎原《りょうげん》の火のように広がっていった。QC（Quality Control）の名前どおり、当初は製造業の現場における社員の自発的な改善活動だった。それが徐々に設計や営業などの部門も巻き込んでいき、全社的活動となってTQC（Total Quality Control）と呼ばれるようになった。また活動は基礎単位である係や班のような集団から事業所、地域、そして全社へというようにピラミッド状に組織され、それぞれの大会を勝ち抜いてトップに立ったグループが栄冠に輝く仕組みになっている。

グループのメンバーは自分たちの職場をより働きやすくするため、仕事のムダを省き、よりよい製品を効率的につくるため知恵を出し合う。それは当然ながら会社の利益につながり、同時に社員は成長し、達成感が得られる。まさしくＷｉｎ－Ｗｉｎの関係だ。

ただ視点を変えると別の面がみえてくる。

前述したように建前上は自主参加だが実質的には全員参加が原則とされ、社員は本来の業務に加えて勤務時間外に行われるＱＣ活動にも参加するのが当たり前だった。そこには「全社一丸」の旗印のもとで、自分たちのサークルこそ一番になるのだという揺るがぬ目標があった。それに突き動かされるように、メンバーは実質的なサービス残業や休日出勤といえるような活動への参加もいとわず、ライバルが一〇時まで残っていたら自分たちは一一時というように競い合って活動に邁進していった。社員の中には、学校の部活かサークル活動のようなノリでのめり込む人も少なくなかったようだ。

そのいっぽうで「周囲の人も自分も正直、乗り気ではなかったが、とても冷めた態度をとれる空気ではなかった」と当時を振り返る人もいる。やはり単なる共同体意識を超える圧力がそこに加わっていたことは否めない。

しかし、ときがたつにつれてだんだんとQCの熱狂は冷め、八〇年代になると活動は下火になっていった。それでもメーカーを中心に現在も活動を継続している企業は少なくない。活動に参加する若手社員は、「活動自体がマンネリ化していると感じるが、だれもそれを口に出せない」と依然、アンタッチャブルな現状を口にする。

だれも声を上げられない空気に

たびたび指摘されてきた日本人の低い年休取得率や恒常的な長時間労働。そこにも共同体主義が色濃く影を落としている。

労働政策研究・研修機構が二〇一〇年に行った調査では有給休暇を残す理由について聞いているが、「職場の周囲の人が取らないので年休が取りにくいから」(四二・二%)、

「上司がいい顔をしないから」（三三・三％）といった回答が上位に入っている。また三菱ＵＦＪリサーチ＆コンサルティングが二〇一七年に行った調査では、育児休業制度を利用しなかった理由として女性の正社員では、「職場が育児休業を取得しづらい雰囲気だった」が三七・〇％で最多となっている。

つまり仕事が忙しいとか、業務に不都合が生じるといったある意味で合理的な理由ではなく、職場の空気や共有された価値観が休暇取得の妨げになっているのだ。

恒常的な残業やサービス残業をめぐっては、つぎのような場面に出くわしたことがある。企業の若手社員を対象にした働き方とマネジメントの研修で、労働時間管理について話し合ってもらった。すると参加者のあちこちから意外な声が湧き上がった。最近、労働基準監督署の取り締まりが厳しくなり、以前のように残業ができないというのだ。そこでは監督署がすっかり「悪者」扱いされている。

これが経営者や管理職の声ならともかく、命令されて働く立場にいる若者たちの発言である。そこで私は彼らに、「ではあなたたちにとって監督署は来ないほうがよいのか？」と水を向けてみた。すると彼らの表情にちょっとした緊張が走り、しばらくの沈黙のあと、あちこちから「個人的には困る」という声がポツポツと聞こえてきた。マインドコントロールが解けてきたのかもしれない。彼らは一兵卒の身でありながら、自分たちの損得勘定を棚上げし、会社の利害を代弁している。しかも、そのことに格別な違和感を抱いていなかったのである。

監督署のサービス残業立ち入り調査を避けるため、チェックされにくい早朝に出勤しているケースもみられる。ある会社の支店では午前八時の始業時刻より早めに出勤するのが慣例になり、それがだんだんとエスカレートし、いつの間にかみんな六時には出社し、席に着くようになったという。そこで働く私の知人は、同僚たちが陰では不満を抱きながらだれ一人として声を上げない現状を口にしていた。一人ひとりの意思から離れてハードルは上がり続ける。そしてメンバーは、上がっていくハードルに黙って従い続けるのである。

会社のために少しでも長く働くことが望ましい、手当の有無と関係なく働くのは当たり前である、といった共同体主義が背後にあることは疑いがない。

つけ加えておくと、欧米をはじめ海外の企業のように一人ひとりの仕事の分担を明確に定めて契約する「職務主義」が日本に根づかないのも、世界でもまれな大部屋・仕切りなしのオフィスがなくならないのも、共同体主義の影響が大きいと考えられる。それを見直そうという気運さえ盛り上がらないのである。

ベルマーク集めは現代の千人針？

こんどは職場の外に目を向けてみよう。

すでに述べたとおり、閉鎖的で同質的な集団ほど同調のハードルが上がる。そして見直しは進まない。ＰＴＡや町内会はその代表格だ。

数年前、ベルマークをフリマアプリのメルカリに出品することの是非が話題になった。「ベルマーク」というと、私たちが子どものころに親が収集するのを手伝った記憶がよみがえる。当時は学校の予算が潤沢でなかったこともあり、保護者たちが持ち寄ったベルマークで購入される運動具などの備品は貴重だった。またＰＴＡ会員の多くは専業主婦や自営業者だったため比較的時間の融通が利き、平日の昼間や休日に集まって集計作業が行われた。しかし外で共働きする家庭が増えたいまでは、わざわざ集まって作業をするのを負担に感じる人が多い。メルカリへのベルマーク出品は、そうした負担を軽減する一助になると歓迎されたようだ。

ところがベルマークの売買はベルマーク運動の趣旨に反する、という理由で待ったがかかったという。また仕事を持つＰＴＡ役員の中には、ベルマークと同額の寄付をするので活動を免除してほしいと願い出る人もいるが、「金銭の問題ではなく子どもたちのために保護者が一緒になって支援するところに意義がある」と一蹴されるそうだ。効率性を度外視した活動が未だに続けられている様子をみて、「まるで現代の千人針※だ」と皮肉る人もいる。

似たような例は少なくない。京都市内のある地域では、夏休みに学区の中学生が遊泳禁止の川で泳ぐのを注意するため、ＰＴＡの役員が毎日炎天下で見張りをしている。役員自身が熱中症で倒れるリスクがあるにもかかわらず、「地域の子どもを守るのはわれわれの役目」という大義名分の前に、だれもが黙って従うしかないという。

大人でさえ圧力に抗することができないくらいだから、力のない子どもたちにとって同調圧力は耐えがたいほど重い。しかも教育の名のもとに、みんなで一緒に成し遂げることが尊いという共同体主義はいっそう強く唱えられる。そして、力をあわせてがんばることを認めてもらいたいという子どもたちの願望とも親和的だ。

かつてマスコミなどでは、生徒たちが学期中、無遅刻無欠席を目標に掲げ、それをクラス全員の努力で成し遂げたという美談が取り上げられることがあった。高校時代にそれを体験した学生に話を聞いたところ、学期が終わるころには教室内がピリピリした空気になり、絶対に遅刻できないというプレッシャーに潰されそうだったという。もしかすると少々体調が悪くても、無理をして登校した生徒がいたかもしれない。

こんな事例もある。中学校の組体操は、生徒が一致団結して目標を成し遂げ、教師や保護者も一緒に感動を味わえる種目として運動会の花形になっている。そのため危険性がたびたび指摘されても続ける学校が多い。ある学校では運動会の組体操で地面に倒れた生徒が、治る見込みのない傷を負ってしまった。それでも「感動の場をなくしたくない」という教師や保護者の声に加え、これからも継続してほしいという負傷した生徒の意向を踏まえ、翌年もまた継続することになった。継続を望む周囲の声の中で、負傷した生徒が「中止してほしい」といえるだろうか？

ここに取り上げた例ではいずれも、いったん行事や活動が始められたら容易にそれを止められないし、見直しの声を上げることさえ困難なことを物語っている。つまり共同体を構成する個々のメンバーの総意を超えた力が背後に働いていることをうかがわせる。それこそがイデオロギーとしての共同体主義なのである。

※千人針　大勢の女性が一枚の布に糸を縫いつけて作ったお守り。第二次世界大戦まで、さかんに行われた。

独り歩きする共同体の論理

共同体主義は、同調圧力をエスカレートさせるだけではない。やがて共同体の論理が独り歩きし、別の形でもメンバーにさらなる圧力をかけるようになる。

第一に、メンバーは単に共同体の一員として役割を果たせばよいというわけではなく、共同体に対する絶対的な忠誠や帰依が求められる。そのため、外部の組織や集団への帰属は制限される。

多くの企業が社員の兼業や副業を認めようとしないのは、認めると無際限無定量の忠誠・貢献が得られなくなる、すなわち相対的な忠誠、限定された貢献しか期待できなくなるからである。また日本の公務員には「職務に専念する義務」が定められているが、そこにも共同体主義の片鱗がうかがえる。なぜなら「専念する義務」とは実質的な貢献ではなく、精神や姿勢を求めるものだからである。いずれにせよ共同体を維持・強化するうえで絶対的な忠誠こそ最も重要な規範だといえる。

そのため組織に対する忠誠や献身の度合いが高い者ほど、組織の中枢に位置づけられる傾向がある。創業者一族が経営の中枢に置かれる理由の一つはそこにある。また男女雇用機会均等法があるにもかかわらず、女性は昇進などの面で男性より不利に扱われることが多かった。その背景には、女性は男性に比べて家庭や地域社会への関わりが強いので、会社という疑似共同体に対して全面的にコミット（献身）できないという認識がある（それこそ統計的差別であり問題なのだが）。

もっともメンバーにそこまで忠誠や献身を求めるのには、企業の立場からみて合理的な理由もある。組織に対して功利的、打算的な関わり方をする人は会社が苦境に陥り、待遇が悪くなったら辞めてしまうかもしれない。災害時などに公務員が割に合わないからといって平時と同じ働き方しかしなかったら、行政は滞ってしまう。だからこそ逆境でも損得勘定抜きでがんばってくれる人を求めるのである。

いずれにしても個人の立場からすると、一つの共同体に忠誠を尽くそうとすると、それだけ外の世界との関係は保ちにくくなる。したがって共同体への忠誠を求める圧力は、メンバーをほかの世界から切り離す圧力でもあるのだ。

内部を安定させる装置としての序列

第二に、メンバーは「分」をわきまえ、序列に従うことが要求される。

すでに述べたように閉鎖的な集団の中は、だれかが得をすればだれかが損をするという「ゼロサム」構造になっている。それを放置しておけば、互いに争い合うことになる。T・ホッブズのいう「万人の万人に対する闘争」状態だ。したがって共同体の内部を安定させるための秩序が必要になる。野生のサルなど動物の集団にみられるように、メンバーの序列は争いによるロスを防ぎ、安定した秩序をもたらす。

これも前述したとおり日本の共同体型組織は、純然たる機能集団と違って非公式な人間関係や感情などによって結びついている部分が大きい。そのため内部の序列は単なる権限の序列にとどまらず、人格的序列の様相を帯びる。俗っぽい表現をすれば、「偉さ」の序列である。ちなみに机の配置や大きさの違いなどは、その序列をあらわすシンボルである。たとえるならライオンのたてがみや牡鹿の角のようなものだ。そして共同体型組織はメンバーの入れ替わりが少ないので、いったん序列ができればそれが固定化しやすい。

組織のメンバーは、この「偉さ」を含んだヒエラルキー（階層）の序列を受け入れなければならない。さもないと共同体の中で干されたり、有形無形の制裁を受けたりする。いわゆる忖度や追従なども、そうしたタテ方向の圧力がもたらすものといえる。忖度と引き替えに重要な情報を教えてもらえたり、人事に手心を加えてもらったりする可能性がないとはいえないのだ。

メンバーの序列は、非公式な集団の中でもしばしば生まれる。いわば擬似的な共同体型組織をつくり出すのである。学校生活を送る子どもたちの間で生まれる「スクールカースト」や、ママ友の中にできる「ママカースト」などはその典型的な例である。また「長幼の序」の文化が残る日本では、仲間内でも年齢や集団に属している年数によって序列が決まる場合も多い。

注意すべき点として、日本のように同質的な社会では外からみると取るにたらないほど小さな差でも、序列を意識させるのに十分な差となりうることがあげられる。役所や伝統的企業では、いまでも給与号俸が一つ違うだけで名刺交換の順番や宴会の席順が決まってくるし、「仲良しグループ」の中では序列に応じて敬語の使い方まで微妙に使い分けられているケースがある。同質的な社会、建前上は平等な社会ほど、かえって序列化が生じやすいという面もあるのだ。

団結を強めるため共通の敵をつくる

第三に、集団を引き締め、共同体の団結を強める行動がとられる。

そのためにしばしば用いられる手段が、外部に敵をつくることである。国家レベルではナショナリズムが特定の政治的イデオロギーと結びついたとき、しばしば仮想敵国をつくり、外国人の排斥やヘイトスピーチのような形になってあらわれる場合がある。

同じく政治の世界では、地方自治体の首長が政府のコロナ対策をめぐって激しく政権批判を繰り広げたのにも、住民意識を高揚させ、ひいてはそれを自らの支持率上昇に結びつけようという思惑が透けてみえる。

また企業の経営者が社員に、スポーツ・チームの監督が選手にライバルの存在を意識させて内部を引き締めたり、士気を鼓舞したりするのも常套手段になっている。

職場や地域でも、その場にいない人の悪口やうわさ話をするのが人間関係の潤滑油になり、仲間内の結束を高めることはよくある。

いずれのケースでも、メンバーは共通の「敵」に立ち向かうため利害や主張の違いを棚上げし、大同団結するよう強いられるわけである。

2 自粛、謹慎ムードを強化するもの

共同体の中での「承認」は減点主義

ここまで同調圧力が個人を取り巻く環境によってもたらされることを説明してきたが、いっぽうでその圧力は個人が認識するものだということを忘れてはいけない。言い替えれば、認識されて初めて圧力になるわけである。

コロナ禍のもとでは「自粛警察」や「マスク警察」が人びとに恐れを抱かせた。しかし海外のように不要不急で外出したからとか、マスクをつけていなかったからといって連行されたり、罰則を科されたりするわけではない。東日本大震災の後に登場した「不謹慎狩り」や、もっと遡れば戦時下における「ぜいたくは敵だ」「パーマネントはやめましょう」といったスローガンも同じである。

つまり自粛にしても、謹慎にしてもほんとうの意味の強制ではないのである。にもかかわらず、それがある意味で強制に近い圧力を感じさせるのは、何らかの心理的要因が働いているからだと考えられる。

そこで少し視点を変え、個人の心理面から同調圧力を分析してみよう。

私はこれまでの研究で、人間のさまざまな欲求の中で承認欲求、すなわち周りから認められたい、そして自分の価値を認めたいという欲求がいかに強いかを明らかにしてきた。(注3)なお、それは積極的に「認められたい」という思いとなってあらわれる場合もあれば、「承認を失ってはならない」という消極的な感情としてあらわれる場合もある。(注4)

ここで念頭に置くべきなのは、やはり私たちが共同体という環境の中にいるという現実である。

閉鎖的な共同体では外部の人びとに接する機会が少ないし、たとえ接する機会があったとしても比較的、重要度が低い。したがって自分を認め、承認欲求を満たしてくれる存在は共同体の内部に限定される。共同体の中で認められることが圧倒的に重要なのである。社会学では自分の価値観や態度に影響を与える集団のことを「準拠集団」というが、多くの日本人にとって属する共同体こそが準拠集団になっているといってよい。

そして閉鎖的な集団の中では、承認もまた「ゼロサム」の原理に支配される。だれかが高い評価を受けると、だれかがその割を食う。注目される人がいれば、その陰に隠れてしまう人がいる。そのため互いに牽制し合い、「出る杭」は打たれる。他人の活躍や成功を嫉妬するのも、突き詰めればそこに「ゼロサム」の原理が働いているからである。

その結果、優れた能力を発揮したり、大きな実績をあげたりして認められるより、分《ぶ》に甘んじ、和を乱さないことで認められる傾向が強くなる。私は前者を「表の承認」、後者を「裏の承認」と呼んでいる。わかりやすくいえば加点主義と減点主義に近い。大小の共同体が入れ子状態になっている日本社会では、あらゆる組織や集団で「表の承認」より、「裏の承認」が重視される。「裏承認社会」と呼んでもよい。「表の承認」が得られるのは、何らかの形で共同体の利益に貢献したときだけだといっても過言ではない。

したがって人びとは、**周りから白い目でみられたり、後ろ指をさされたりして承認を失わないために周囲に同調する。さらに自ら進んで空気に従い周囲に同調することで承**

認を得ようとする。それが同調行動をエスカレートさせるのである。自ら進んでサービス残業するのも、感染の心配がないとわかっていてもマスクをつけてジョギングに出かけるのも、背後には承認欲求が働いていると考えられる。

共同体主義が葛藤を取り除く！

しかし、行動の原動力が承認欲求だけなら適当なところでブレーキがかかるはずだ。遅くまで残業すれば家庭生活にしわ寄せがいくし、会社に忠誠を尽くせば尽くすほど社外の人とのつき合いは難しくなる。マスクをつけながら運動すると息苦しく、夏場は熱中症のリスクも高くなる。そのため同調圧力に従うか、抗うかで葛藤に陥る。そして極端な同調行動は思い止まる。ところが、共同体主義はそのブレーキを外してしまう。

そのメカニズムを、社会心理学の「認知的不協和の理論(注5)」を使って説明しよう。

人は心の中に矛盾（不協和）を抱えていると不快であり、それを解消しようとする。たとえば喫煙者にとってタバコが有害だという情報は不快である。ましてタバコを吸う人は吸わない人に比べて平均寿命が一〇年も短くなるなどと聞けば、平静ではいられなくなる。そこで取りうる行動は、タバコをやめるか、喫煙のメリットを示すような情報を探すか、あるいは「早く死んでもかまわない」と開き直るかのいずれかである。かりに自分は絶対に禁煙できないと思えば長生きを諦めるか、喫煙の効用を裏づける情報を必死で探すだろう。逆に長生きしたいのに医者から「このまま喫煙を続けたら早死にする」といわれたら、真剣に禁煙に取り組むだろう。

これを同調行動に応用してみよう。不本意ながらも周囲に同調した行動を取っている人にとって、イデオロギーとしての共同体主義は自分の行動を正当化するかっこうの後ろ盾になる。理屈抜きで協調した行動を取らなければならないからである。それによって不協和は解消される。

さらに自分の意思で行動すれば、それが既成事実となって反対方向の意思や感情はいっそう弱くなる。「案ずるより産むが易し」といわれるのも、一歩を踏み出せば吹っ切れるのも、そのことを物語っている。

すでに述べたようにＱＣサークルなどの小集団活動では、実質はともかく建前上は自主的活動とされ、社員の自主性が重視された。自分の意思で参加していると思うことで、活動が「自分事」になるのだ。**いったん自分事になれば心の中の迷いや葛藤は消え、行動にブレーキはかからなくなる。それが結果として多面的な思考や、内省の機会を奪うことにもなりかねない。**

いわゆるスピリチュアル系団体の教育や一部新興宗教の布教活動には、このような人間の心理が巧みに取り入れられている。さらに「自立型社員」の育成を看板に掲げる社員教育にしても、主体性を尊重する学校教育にしても、もし何らかの思想やイデオロギーが背後に隠れていたら、社員や子どもたちを一方向へ無批判に突き進ませる危険性がないとはいえない。

こうしてみると同調圧力の源は自分自身の内面にもあるということ、そしてそこでも共同体主義が強く後押ししていることがわかる。なお次章では、それが現実に起きている深刻な問題とどう関係しているかを説明したい。

3 ウチの常識はソトの非常識

閉鎖的な組織の中で生まれる異常な慣行

共同体の中で同調圧力が強まり、人びとの行動がエスカレートすると、共同体の内外に大きな温度差が生じる。そして内側では、外からみると信じられないような出来事が起こる。

二〇一九年に発覚した神戸市の公立小学校における教員間の暴行事件では、複数の教員が同僚の教員に殴る蹴るの暴行を加えたり、激辛カレーを食べさせたりした。しかも、このような蛮行が日常的に繰り返され、管理職まで関わっていたという。もっと驚いたのは、他地域の教員にこの話を振ると、「さすがにここまでひどいケースはまれだが、似たような事件はどこでも起こりうる」という声が返ってきたことだ。

「学校の常識は社会の非常識」だとよくいわれる。民間企業などから学校の校長に転身した人はしばしば、外の世界ではありえないような慣習が学校にはたくさん存在し、それにだれも疑問を示さないと嘆く。

では企業の中に特異な慣行がないかというと、そうではない。そこにもまた、すでに述べたように外の世界からみると異常な慣行がたくさん存在する。細かい「偉さ」の序列などはその最たるもので、社員どうしが物理的に切り離されたテレワーク下でも揺るがない。

リモート会議ではディスプレーに映し出される顔を役職順に並べるとか、会議が終わっても上役や先輩より先に「退室」してはいけないといった、新たな慣行が次々と生まれている。

なお当然ながら、共同体内部の序列は、社会的な評価とは一致しない。政界における派閥の領袖《りょうしゅう》、それに学会や大学のトップに世間でまったく無名の人物が君臨している例は珍しくない。

「共同体の内と外」で温度差が生じる理由

不祥事を起こし、騒動の渦中にある会社や役所を訪れたことがある。社員や職員はさぞ落ち込んでいるだろうと思いきや、足を一歩中に踏み入れると意外にもそこには平常と変わらぬ和やかな空気が漂っている。それだけ共同体の内と外とは温度差が大きいのだ。

この温度差を維持しているものが、いわゆる建前と本音のダブルスタンダード、外面と内面の使い分けである。

共同体の中では、公式なルールや社会の常識は「建前」にすぎず、メンバーの利益に直結する内部の慣行や常識のほうが優先される。会社のために不正を働いて逮捕された社員に対して社内では「戦死」という言葉が使われ、ほとぼりが冷めたころには復活し、厚遇で迎えられた。逆に「建前」でもって共同体に弓を引く者はメンバー全員から敵視され、真綿で首を絞めるような制裁を受け、排除される。

それを知っているからこそ、メンバーは外向けの顔と、内向けの顔を使い分ける。

前述した神戸市公立小学校の教員暴行事件で加害者とされる男性教諭は、「頼りがいがあり、人気者という評判」だったという。(注6)

この件にかぎらず、組織の内と外ではまったく別人のような行動をとることは珍しくない。客に対して愛想のよい店長が店員に対して暴言を吐いたり、親や教師の間では「よい子」と評判の生徒が仲間うちではいじめっ子だったりする。

問題は、このようにウチとソト、本音と建前とを使い分けているかぎりギャップは埋まらないし、後述するような組織不祥事も後を絶たないということである。

4　それでも幸せだった昭和時代

同調圧力が生産性向上に寄与

ここまで、エスカレートする同調圧力を批判的にとらえてきた。しかし、かつては同調圧力が組織と個人の双方にとって必要であり、かつ望ましい時代があった。昭和、とりわけ戦後の日本がそうである。

後進国だった日本が、明治時代から欧米へのキャッチアップを目標に掲げて邁進するなかで、人材面では個性や創造性より記憶力や模倣する力、与えられた課題を迅速かつ正確にこなす能力の持ち主が重宝された。

また戦後の驚異的な復興、そして高度成長、安定成長と続く日本の繁栄を支えたのは主に製造業だった。なかでも日本経済を牽引した自動車産業、電機産業ではベルトコンベアの流れ作業に象徴される少品種大量生産が主体であり、日本企業は高度な生産システムと品質管理体制のもとで優れた製品を世界に供給してきた。そこでは均質な製品をいかに無駄なく効率的につくるかが重視され、均質な人材と一糸乱れぬ統制のとれた行動が求められた。ホワイトカラーの職場でも、コミュニケーションや意思決定をスムーズに行い、決まった仕事を能率的にこなすうえではメンバーが同質的で従順なほうがよい。

そのために役立ったのが共同体型組織と共同体主義がもたらす同調圧力であり、企業はそれを積極的に利用した。そしてキャッチアップ経済、工業社会での成功体験は企業の中にとどまらず、一種の文化として社会全体に浸透していった。

その代表的なものが品質管理的発想である。品質管理では「ZD（Zero Defects）運動」すなわち無欠点を目ざす活動が象徴するように、あらゆる場面で「完璧」が追求される。一つのミス、失敗もあってはならないわけである。それは結果的に減点主義につながる。実際、職場の人事考課にしても、学校の成績にしても満点にどれだけ近いかが問われる減点主義が基本だ。

管理・干渉がかぎりなく「川上」へ

もう一つの特徴は、「川上」の管理である。

私は最終的な成果に近いところを「川下」、そこから離れたところを「川上」と呼んでいる。モノづくり、とりわけ定型的な製品をつくる場合、アウトプットはインプットにほぼ比例する。仕事も単純な作業では、働いた時間や投入した労力におおむね比例した成果が得られる。したがって企業は仕事の成果をあげさせるため、社員のインプットを高めることに力を入れる。

優れた成果をあげるためには正しい行動が必要であり、それには仕事だけでなく生活面も含めた態度や物事に向かう姿勢が重要だといわれる。さらには、しっかりとした人生観や人生哲学までが求められるようになる。とくに組織の一員としての協力、献身、その裏づけとなる忠誠心や組織への一体感が強く要求される。つまり管理の対象が、成果↓行動↓態度↓思想と、かぎりなく「川上」に遡っていくのである。

教育現場で問題になっている「ブラック校則」もまた「川上」の管理の典型的な例である。生徒の非行は髪の色や形、服装の乱れから始まるケースが多い。したがって非行を防止し、望ましい学校像に近づけるためには校則が必要だ――。このような信念から校則が過剰に厳しくなり、なかには天然の茶髪を黒く染めさせるとか、下着の色を教師がチェックするといった人権侵害に近いことをする学校まであらわれる。

このように管理や干渉がかぎりなく「川上」に遡上するのには、程度の差はあるにしてもイデオロギーとしての共同体主義が背後で影響しているケースが多い。

制度の裏づけも用意された。

「川上」、すなわちインプットをチェックする仕組みが、会社では社員の意欲や態度を

評価する情意考課であり、学校では内申書、そして仲間うちでの相互監視だった。さらに世間の目も当てにされていたことは疑いがない。

また同調圧力をもたらす組織・集団の仕組みも強化された。企業では戦後の民主化で職員と工員の身分差別が廃止されたいっぽうで、正社員と非正社員、総合職と一般職といった区別が生まれ、正社員、総合職は出世（昇進）競争に参加するのが半ば当たり前になった。つまり組織の核になるメンバーはいっそう閉鎖的、同質的になったわけである。

前述したように閉鎖的、同質的な集団の中では、わずかな差でも大きな意味をもつ。とりわけ給与の等級や職位は「偉さ」の序列をはっきりとあらわし、承認欲求を刺激する。それを利用して企業は仕事へのモチベーションや、組織に対する忠誠心を引き出そうとする。

多くの日本企業が取り入れている職能資格制度では、社員を細かくランクづけし、また部長、次長、課長、課長代理、課長補佐、係長、主任など多くの役職が階層の中に位置づけられる。そして、かつて花田光世が明らかにしたように、日本の伝統的な大企業の昇進システムは敗者復活の機会が乏しいトーナメント型である。(注7) したがって、前述した「裏の承認」を獲得し続けた者が高い地位と報酬を手に入れる仕組みになっているのである。

共同体の「生活丸抱え」による恩恵

私たちの生活も共同体に強く依存していた。

たとえば、いまでこそ引っ越しは業者を利用するのが当たり前になっているが、専門の業者が登場する一九八〇年あたりまで、引っ越しは他人の手を借りて行う大仕事だった。とくに単身者の場合、友人に手伝ってもらわなければ引っ越すことができない。また消費者ローンがない時代には、いざというとき友人からお金を借りなければ生活できないし、ファストフードやコンビニもないので食べ物に困ったら他人に食わせてもらうしかない。

要するに共助が不可欠な時代には、少々煩わしくても日ごろのつき合いで友人をつくっておく必要があった。人びとにとって共同体のメリットが、デメリットを上回っていたのである。

それがさらに凝縮されていたのが会社の中だ。

いったん正社員として組織のメンバーになると、会社という大きな傘の下で本人はもとより家族も含め、生活全体の面倒をみてもらえる。

年齢とともに給与が上がる年功序列制は、ライフステージに沿って上昇する生活費と収入をリンクさせたものだった。独身のときは少ない生活費ですむが、結婚して子どもができると出費が増える。子どもが成長して進学し、家のローンも抱えるようになると家計の支出はますます増えていく。ようやく子が独立し、ローンも払い終える定年近くまで給与が上がり続ける。そして子育てを終えてローンもなくなった定年後は、年金で生活すればよいのである。

もちろん企業は経済合理性を無視して、このような制度を取り入れたわけではない。経験や熟練がものをいう当時の仕事においては、年齢とともに給料が上がるシステムにはそれなりの合理性が存在し、また社員を定着させる効果もあったわけである。

充実した福利厚生の存在も大きい。扶養手当、住宅手当、企業年金、それに独身寮や社宅などは生活を手厚くサポートしてくれる。また個人で自由に旅行や娯楽を楽しめるほど豊かでなかった時代に、会社の親睦旅行や運動会などのレクリエーションは貴重であり、多くの社員や家族が喜んで参加した。社員は自分がいかに恵まれた職場で仲間に受け入れられているかを家族にみてもらって鼻を高くし、家族はその姿を頼もしく思ったものだ。

乏しい社会資本を共同体が補完した時代

戦後から高度成長期にかけては、国民の経済的水準に加えて社会保障の水準もまだ低く、住宅をはじめ各種インフラも十分に整備されていなかった。その時代に社会政策の役割を肩代わりしてくれる会社の存在感はいまよりはるかに大きく、共同体から受ける圧力や束縛を割り引いても十分余りあるものだったに違いない。

学校もまた個人の生活全体を包み込み、メンバーはその恩恵に浴した。その点で学校はまるで会社の相似形である。

日本の学校の教師は児童・生徒に勉強を教えるだけでなく、家族や友人関係の問題など生活全体の相談に乗り、支援してくれる。また欧米などと違ってクラブ活動や給食、運動会、修学旅行なども学校が行うのが当たり前になっている。子どもたちにとって、生活全体が学校と家庭の中で完結するといってもよい。

したがって家計に余裕がない子でも、それほど肩身の狭い思いをせず学校生活を送ることができた。そして地方に行けば、幼稚園から高校まで同じメンバーがずっと一緒に上がっていくケースも珍しくはなく、気心の知れた真の友人がそこで得られた。

PTAや町内会など地域の組織でもまた、共同体化に大きな抵抗を感じないばかりか、その恩恵を味わうことが多かった。PTA主催の講習会やスポーツ大会などの各種イベント、お茶を飲みながらの会合やバザーの準備、ベルマークの集計などはとりわけ専業主婦の人たちにとって貴重な社交の場であり、同時に自分たちを高め合う場でもあった。A・H・マズローの欲求カテゴリー(注8)に当てはめるなら、共同体は安全・安定の欲求や社会的欲求のような低次の欲求のみならず、承認や自己実現といった高次の欲求もある程度満たしてくれる場だったのだ。

このように共同体化は組織にとってメリットが大きいばかりでなく、個人にとってもたくさんの恩恵が得られたのである。さらに国全体の視点からみても、共同体は経済成長に不可欠であり、また国民の衣食住などに関わる社会資本が十分整っていない時代には、それを補完する重要な役割を担っていた。**つまり共同体に向き合う関係者それぞれのベクトルが一致していたといってよい。**

だからこそ組織も、個人も、社会も一体となって共同体主義を信奉し、広く、深く浸透させていったのである。

(注1) 筒井清忠『戦前日本のポピュリズム　日米戦争への道』中央公論新社、二〇一八年
(注2) 佐藤忠男『草の根の軍国主義』平凡社、二〇〇七年
(注3) 太田肇『承認欲求』東洋経済新報社、二〇〇七年、同『承認とモチベーション』同文舘出版、二〇一一年など
(注4) 太田肇『「承認欲求」の呪縛』新潮社、二〇一九年
(注5) L・フェスティンガー(末永俊郎監訳)『認知的不協和の理論』誠信書房、一九六五年
(注6) 二〇一九年一〇月五日付「神戸新聞」
(注7) 花田光世「人事制度における競争原理の実態」『組織科学』第二一巻第二号、白桃書房、一九八七年
(注8) A・H・マズロー(小口忠彦監訳)『人間性の心理学』産業能率短期大学出版部、一九七一年

第3章

パンドラの箱が開いた平成時代

1　イノベーションの足を引っぱる工業社会の残像

組織と個人の蜜月時代が終わった

振り返ってみると昭和の時代は、組織と個人にとってまれにみる共存共栄の時代だったといえるだろう。個別の問題はあるにしろ、組織が成長し、繁栄することはメンバー個々人の利益にもつながった。そして組織の同調圧力も、その効果や必要性が実感できるだけに抵抗も小さかった。

ところが時代の変化によって組織と個人の利害が必ずしも一致しないケースが増えてきた。「蜜月時代」の終焉である。蜜月時代のつぎに訪れたのは、組織による引き締めの時代である。その意味で共同体主義がいっそう露骨になったといえる。

一九八九年（昭和六四年）一月七日、昭和天皇の崩御によって長く続いた昭和の時代が終わり、平成という新たな時代の幕が開いた。平成とほぼ同時にスタートした一九九〇年代。世界に視野を広げれば、一九八九年にベルリンの壁が崩壊し東西冷戦が終結した。そしてインターネットの普及に代表されるIT革命により、グローバル化、ボーダレス化がさらに加速した。そう、平成時代の始まりを告げる一九九〇年代を象徴するキーワードは「グローバル化」「ボーダレス化」「IT化」である。

けれども日本社会の動きはこうした世界の潮流と連動しないばかりか、むしろ逆行するかのような様相さえ呈した。

象徴的な写真がある。某大企業の入社式風景を平成初期と現在とで比較した写真をみると、平成初期の写真は服装も髪型も個性的で、会場は自然な笑顔に溢れている。いっぽう、現在の写真は全員がリクルートスーツに身を固め、髪型も一緒。マナー研修で教えられたとおり背筋をピンと伸ばして手を前に組み、緊張した面持ちで視線をまっすぐ前に向けている。

この会社が特異なわけではなく、どこの会社にもみられる変化のようである。そして外見の変化があらわすように、現場の声に耳を傾けてみても同調を促す社内の圧力が強まったことがうかがえる。背景には社会全体の空気がいっそう内向きになったことがあると指摘する人が多い。一九九五年に発生した阪神淡路大震災、二〇一一年の東日本大震災を機に、「絆」という言葉が独り歩きし、運命共同体的な連帯が称揚されるようになったことも大きい。

平成は「敗北の時代」

そして平成時代の日本は、グローバル化の潮流から取り残されて世界の中での地位、プレゼンスを低下させ、当初の予想をはるかに超える長い低迷期を経験したのである。それが顕著にあらわれたのは、やはり経済面である。

経済同友会の代表幹事だった小林喜光氏は、朝日新聞のインタビューで「平成の三〇年間、日本は敗北の時代だった」と喝破した。(注1) たしかに国民一人あたりのGDP(国内総生産)は一九九二年には七位だったのが、二〇〇〇年には一六位に低下した。(注2) 国際競争力も一九九二年の一位から、二〇〇〇年には二一位にまで急落している。(注3)

ちなみに両指標とも、その後さらに低落傾向が続き、今日まで回復の兆しがみられない。このことからも、工業社会における成功体験が新たな時代に適応するうえでいかに重い足かせとなっているかがわかる。

グローバル化にしてもボーダレス化にしても、閉鎖的な共同体の論理と真っ向から対立する。

またＩＴ化は人間に求められる要素を根本から変えた。共同体型組織の特徴である均質な知識・能力や、統制のとれた働き方を必要とする仕事がＩＴに取って代わられたのだ。

とはいえ分野によっては統制のとれた働き方と、そこから得られる仕事の「完璧」さが求められることに変わりはない。それどころか、世界全体がシステムとしてつながったいまの時代には、一つのミスさえ許されなくなっている。

しかし、人間がいくら完璧を目指しても限界がある。そこで完璧さが不可欠な仕事はＩＴなどに任せ、人間は創造や洞察、高度な判断といった人間特有の能力を生かせる仕事に専念する。世界の趨勢《すうせい》として、このような役割分担が徹底されつつある。ところが日本では、いまだに人間の力でそれに立ち向かおうとしているようにみえる。

イノベーションと相容れない共同体の論理

そしてポスト工業社会では、企業にとっても社会にとってもイノベーションこそが成長の原動力になった。しかし同調圧力が強い日本の職場では、メンバーの合意が得られやすい改善活動は盛んだが、異端者や少数派から生まれるイノベーションは起こりにくい。

また、イノベーションには、突出した意欲や個性の発揮が必要である。そもそもアイデアや創造などソフトの世界において、他人と一緒では価値がない。さらに同調圧力によって生じる「やらされ感」は、イノベーションに不可欠な自発的モチベーションと対極にある。

したがって共同体型組織に特有の同質性と閉鎖性、そして共同体主義がもたらす同調圧力はイノベーションの大敵だといえる。

職場の同調圧力を発見した古典的な研究として知られるのが、いまから一世紀ほど前の一九二四年〜三二年にアメリカのウェスタンエレクトリック社、ホーソン工場で行われた「ホーソン研究(注4)」である。

この研究では、職場に公式な組織とは別の非公式組織が存在すること、その中でメンバー自身によってつくられた独自の標準が生産性を左右することが明らかになった。仕事をさぼっても、逆にがんばりすぎても仲間に迷惑をかけるので、「標準」に従うよう周りから圧力がかけられるのだ。とりわけ「出る杭は打たれる」日本的風土のもとでは、集団の中で突出することがいっそう困難なのは想像に難くない。

また共同体型組織では会社の人事評価も減点主義で、前述した「裏の承認」が中心になる。

研究開発の世界には「千三つ」という言葉がある。千回挑戦して三回成功すればよいという意味であり、それだけ失敗を恐れず挑戦すること、失敗から学ぶことが大切なわけである。ところが減点主義の風土では、リスクを冒さず無難な仕事をしていたほうが得だという計算が働く。イノベーションと共同体の論理がいかに相容れないものかわかるだろう。

ただ、これは評価だけの問題にとどまらず、獲得できるリターン（見返り）の問題でもある。社内でいくら加点主義を取り入れ、「出る杭」を伸ばそうとしても社内で得られるものには限界があるのも事実だ。巨万の富を手に入れたい、世界に自分の名をとどろかせたい、自分が理想とする会社をつくって社会に貢献したい、といった野心を社内で満たすことは困難だからである。したがって画期的なイノベーションやブレークスルーを引き出そうとすれば、**社員を組織の中に留めようとするのではなく、社員の独立や起業も視野に入れて制度や慣行を見直す必要がある。**

一九九〇年代に日本経済が凋落していくのを尻目に、アメリカ経済は逆にV字回復を遂げたが、その原動力となったのが、既存企業をスピンアウトしてシリコンバレーなどで夢を実現した起業家たちだったことを忘れてはならない。

イノベーションが「攻め」の経営に大切なのはいうまでもないが、じつは「守り」にも必要だといわれる。

福島の原発事故とJR福知山線の列車転覆事故には「技術経営の過失」があり、その根源は東電もＪＲ西日本もイノベーションを要しない組織だったからではないか。こう指摘するのは、イノベーション理論を研究する山口栄一である。山口によると熾烈な国際競争のさなかにあるハイテク企業と違って、両社は事実上の寡占ないし独占企業であり、そこでは職員の評価は減点法になる。そして減点法の世界におけるリスク・マネジメントは、想定外のことが起きたときに「いかに被害を最小限にとどめるか」ではなく、「いかにリスクに近寄らないか」という発想に陥りがちだという。(注5)

このように共同体は、イノベーションの源泉である〝やる気〟にも「天井」をつくってしまい、それが企業経営にも社会の利益にも多様な形でマイナスの影響をもたらしていると考えられる。

さらにイノベーションは共同体の利益と真っ向から対立するケースが多い。仕事のプロセスが効率化されたら部署や人員の削減につながり、製品のイノベーションは旧製品の製造に携わる人の職場を奪うからである。そのため共同体とそのメンバーはイノベーションに消極的であるばかりか、逆にそれを阻止しようという動機を抱きやすい。

「キャッチアップ型」から抜け出せない現実

共同体の論理がもたらすイノベーションの阻害は、高等教育の分野にも起きている。しかも皮肉な形で。

前述したように日本の大学は近年、世界ランキングでその地位を落とし、アジアの中でも中国などの後塵《こうじん》を拝しているのが現実だ。そうした現実を受け止めて近年、日本の大学はグローバル化に適応するため語学（とくに英語）教育に力を入れ始めた。同時に「入りにくいが出やすい」現状が学生の学力低下を招いているという認識から、単位の認定や卒業要件を厳しくし、「学生の質を保証して世の中に送り出すのが大学の役目だ」と公言されるようになった。

しかし考えてみれば、**先頭を走る欧米などの大学を目標に定め、語学力の向上に主眼を置く方針こそ、イノベーションとは対極の「キャッチアップ型」ではないか。**キャッチアップ型を続けるかぎり、目標はいくら追っても蜃気楼《しんきろう》のように先へ、先へ逃げてしまう。いつまでたっても追いかけるばかりで、追い越すことはおろか、トップに並ぶこともできない。

欧米にハンディなくイノベーションの競争を勝ち抜こうとするなら、むしろ日本が競争優位なものは何かを探す必要がある。教育社会学者の苅谷剛彦がいうように、グローバル化の時代だからこそ英語教育より日本的な特殊性を前面に出すという戦略もあるだろう。(注6)

また「質を保証して世の中に送り出す」という発想は、工業社会における品質管理の発想そのものである。人間はモノと違って「質」を測れるわけではないし、絶えず変化・成長する。高度な能力になればなおさらだ。少し皮肉を交えていえば、あらかじめ測れるような能力がそもそもイノベーティブだといえるかどうか疑わしい。

このようなキャッチアップ型、工業社会型の発想は個別組織のレベルにとどまらず、社会全体に浸透している。その弊害が表面化するのは、大きな方向転換や迅速な行動が要求されるときだ。少数意見を抑圧するような風土では改革の芽は育たないし、成功したときの評価より失敗したときの責任追及が厳しい社会では、客観的にみてメリットが明らかにデメリットを上回るような政策でも為政者を尻込みさせる。

2 グローバル化、規制緩和の「意外な結果」

論理性より「空気を読む」人材を優先する日系企業

日本の企業や学校がグローバル化の中でも共同体主義を捨てきれない現実は、意識調査の結果からもみて取れる。

教育学者の吉田文《あや》は、新卒総合職の採用面接経験がある企業人を対象として二〇一四年にウェブ調査を行い、回答者の勤務先を日系非グローバル企業、日系グローバル企業、外資系企業の三タイプに分け、回答を比較している。

それによると、まず「A：空気を読んで、円満な人間関係を築くことのできる人材」と「B：論理的に相手を説得できる人材」のどちらの人材を採用したいかという質問に対する回答は、日系非グローバル企業は「Aに近い」が六〇・六％、「Bに近い」が三九・四％、日系グローバル企業は「Aに近い」が五〇・七％、「Bに近い」が四九・

三％、外資系企業は「Ａに近い」が三〇・四％、「Ｂに近い」が六九・六％となっている。

また外国人留学生に抱いているイメージとして、「採用したい者が多くいると思う」という回答は日系非グローバル企業が二〇・七％、日系グローバル企業が四〇・一％、外資系企業が五四・五％である。(注７)

ここに紹介したのはいずれも事務系の数字だが、技術系も傾向そのものは同じである。非グローバル企業はもとよりグローバルに経営を展開している企業でさえ、閉鎖的・同質的な共同体型組織の体質を本気で変えようとする姿勢はみられない。

それだけではない。注目すべきなのは、イデオロギーが構造を補強している現実である。前章で述べたように同調圧力は閉鎖的、同質的、かつ個人が未分化な共同体型システムに、共同体主義というイデオロギーが注入されることによって生じる。そして共同体主義が意図的に組織や集団の閉鎖性、同質性を高め、個人を未分化な状態にとどめるのである。それによってスパイラル状に同調圧力が強くなっていく。その一端がこの調査結果にあらわれているといえよう。

教育現場でも共同歩調志向が強まる傾向

それは教育の現場にもみられる。

教育社会学を専攻する川村光《あきら》は一九九五年から二〇〇九年の経年比較調査の結果から、「授業の進度や学級経営の仕方において共同歩調志向が高まっており、行動がともなってきている」と指摘する。たとえば授業の進度について、「合わせるようにしている」という教師が一九九五年の六〇・六%から二〇〇〇年には六三・三%へ、さらに二〇〇九年には七七・二%へ増えており、学級経営の仕方についても同じく一三・一%、三四・一%、四三・〇%と明らかな増加傾向を示している。(注8)

イデオロギーは合理性を超越する。共同体主義もイデオロギーであるゆえ、グローバル化という環境の変化に適応して止まることがない。いや、むしろ環境の変化に逆らって強まる場合が多い。環境が厳しいほど、みんなで結束して立ち向かおうとする。運命共同体として一致結束しなければ、共同体もメンバーも置いてきぼりを食らうという危機感が、いっそう個人の「わがまま」を戒め、同調圧力を強めるのだ。そして歴史上の多くの事象がそうだったように、そこには圧力をかける者の野心や支配欲が陰で働いている場合もある。

グローバル化に適応しようとせず、逆にますます共同体の壁を厚くして内部に閉じこもる現象。それは企業や学校だけでなく地域や各種業界、さらに国や民族、宗教などにもみられる。

ナショナリズムや民族主義はその典型である。自国（第一）主義を前面に掲げて国境封鎖や外国製品の輸入制限を行ったアメリカのトランプ前大統領や、途上国へのインフラ投資や海洋進出を着々と進める中国の習近平政権、ＥＵ離脱を強硬に進めたジョンソン首相が率いるイギリスなどの動きはそれを鮮明にあらわしている。

多くの場合、リーダーは他国や他民族、あるいはグローバル化そのものが自分たちの利益を損ない、脅威をもたらしているとうったえ、文字どおり「一丸」となって立ち向かうよう大衆を煽動する。外圧を内圧に転嫁するという手法である。その結果、共同体の内部には垂直方向からだけでなく水平方向からも圧力がかかる。

分権化で登場した「ミニ大統領」

グローバル化でかえって共同体主義が鮮明になり、同調圧力を強めるという現象。そこにはもう一つ別のロジックが働いていることに注目してほしい。

それは**グローバル化や規制緩和、あるいは分権化がもたらす、いわば「意図せざる結果」**である。

国内の産業界ではグローバルな競争に生き残るため、小泉政権以後、規制緩和が着々と進められた。その結果、事業を独占してきた巨大企業を頂点とする業界のヒエラルキーが揺らぎ、巨大企業の傘の下に隠れていた企業の台頭や、異業種からの参入があいついだ。

これら新しく表舞台に躍り出た企業の多くは規模が小さい。すでに述べたとおり一般に組織や集団の規模が小さいほどメンバーは同質的になり、同調圧力が強くなる。そのため異質な人が排除されるリスクは大きい。実際、ユニークな経営を取り入れている中小企業の内部には独特の文化があり、その文化に共鳴する人たちのみからなる集団になっているケースが多い。

規制緩和と並行するように進められた政治の世界の分権化、権限移譲もまた同じような結果をもたらす場合がある。

一九九〇年代に推進された地方分権改革によって国の機関委任事務が廃止され、国と地方が理念上は対等になるなど、地方自治体には国から多くの権限が移譲された。そして自治体の首長は「ミニ大統領」と呼ばれるほどの大きな権限を手に入れた。

分権化で住民の身近なところに権限が移る。それによって地域の特性に応じた政治や行政が行える。住民の声が直接そこに反映されやすくなるわけであり、民主主義の理念にも合致する。したがって地域住民の利益に直結するはずだ――。このような直線的思考から、日本中に地方分権大合唱がわき上がった。一般の住民だけではない。自治体職員にとっても権限が国から下りてきたことにより、いっそうやりがいのある仕事ができるようになる。要するに、分権化はいいことずくめのようにみえる。

地方分権で異端が排除される？

ところが同調圧力という面からみると、分権化には弊害もある。

近年、「個性あるまちづくり」に取り組む自治体が増えている。たしかに、自治体の目指す方向と個人の利害や価値観が一致する場合はよい。しかし自分の利害や価値観と一致しない場合には、自治体の「個性」が同調圧力になりかねない。また地域をあげてイベントの誘致運動に取り組むような場合にも、賛成できない住民が肩身の狭い思いをする可能性がある。小さなまちの中では異論が唱えにくいからである。

国全体ではとうてい実施できない極端な規制が、範囲の狭い自治体では行われる場合もある。生活保護受給者がパチンコをするのをみつけた市民に通報義務を条例で定めた自治体のケースや、職員の飲酒にまつわる不祥事続きに業を煮やした市長が職員に「禁酒令」を出したケースなどはその例であり、いずれも人権侵害と紙一重の危うさをはらむ。

繰り返すが、分権化が個人の利益につながるとはかぎらないのだ。**そもそも住民に身**

近なほどよいなら、町内会に行政の権限を下ろすのがベストだという極端な話にもなりはしないか。

集団は小さければ小さいほど個性的になるが、その集団に属する個人にとっては逆に個性の自由が失われるというG・ジンメル（注9）の言明があらためて思い起こされる。

念のためにつけ加えておくと、地方への分権化を進め、個性ある地域づくりが推進される背景には、個人が気に入った地域を選べばよいという考え方がある。そうすればそれぞれの地域が個性を競い合い、さらに地域が発展するというわけだ。しかし家族にはそれぞれの生活があり、人びとのつながりや土地の歴史などもあることを考えたら、地域を選んで住めばよいという前提がいかに現実離れしているかわかるだろう。

なお、このような現実性を欠いた前提は、続いて述べる組織の例にも当てはまる。

教育界でもみられる「分権のパラドックス」

民主主義の理念とも調和するはずの分権化、権限移譲（もしくは権限委譲）が結果的に独裁や同調圧力を強める。そのパラドックスは教育の世界にもみられる。

まず大学入試の話から始めよう。

文部科学省は二〇一六年、中央教育審議会の答申などを踏まえて各大学に、「ディプロマ・ポリシー」（卒業認定・学位授与の方針）、「カリキュラム・ポリシー」（教育課程編成・実施の方針）、「アドミッション・ポリシー」（入学者受け入れの方針）という三つのポリシーについてガイドラインを示し、すべての大学に策定・公開するよう求めた。

それによって各大学の特徴が明確になり、受験生にとって大学を選択しやすくなるというもくろみだ。しかし、問題は社会や受験生が大学の特徴をどれだけ重視しているかである。たとえば多くの企業は、いまでも一人ひとりの個性や専門能力より、いわゆる名門大学、難関大学から学生を採用しようとするし、受験生も大学で何を学ぶかではなく少しでも偏差値の高い大学を目指しているのが現実である。

そのためポリシーを厳格に運用する大学ほど、学生を特定の「型」にはめてしまう弊害のほうが大きくなる。さらに近年は多くの大学が個性的な学生を増やそうという趣旨から選抜方法を多様化し、「AO（アドミッション・オフィス）入試」や推薦入試を取り入れるようになったため、高校の内申書を気にする生徒が増えてきた。内申書に良い記載をしてもらうには、模範的な生徒として振る舞い、教師に好かれることが大切だと考える。それが生徒の姿勢を受け身にし、行動を制約してしまう。

このように前提条件を見誤ると、**個性ある大学、個性的な人材を育てようというねらいとは裏腹に、むしろ個性の発揮を抑制する結果を招いてしまいかねない。**

校長の権限強化で教員が画一化

つぎに、視点を教員の側に移してみよう。

二〇一五年に行われた地方教育行政法の改正によって、国の地方に対する関与が見直され、首長が教育行政の大綱を策定し、教育長を任命できるようになった。その結果、校長の権限がいっそう強化された。もっとも校長の権限強化は必ずしもこのときに始まったわけではなく、二〇〇〇年代に入ってからの度重なる制度改正によって着実に進んでいる。

自身の教師体験と現場での聞き取りをもとに多くの教育に関するルポを書いている、教育ジャーナリストの朝比奈なをによれば、近年の教育改革が一定タイプの教員を養成・採用し、教員になってからも逸脱しないように研修を続けさせている。朝比奈は各自治体の教育委員会が作成した「求める教員像」をとりあげ、その中に「使命感」という文言がたくさん登場すること、組織の一員としての行動が強く求められていることを指摘する。(注10)

また、教育改革と並行して進められた教員組織の改革により、校長など管理職の権限が強められた。それにともない現場での裁量権が縮小された。そして教員集団は構成員の同質化が進み、悪い意味での「ムラ社会」化が起こっていると指摘している。(注:同右)

同質化の圧力に人事評価制度も深く関わっていることは間違いがない。日米の教育制度を比較研究している岩月真也(注11)によると、アメリカでは主観的指標を含みつつも大部分が客観的指標によって構成されているのに対し、日本では評価指標が教頭や校長の判断に基づく主観的指標から構成されている。

管理職の主観や裁量が入りやすい評価制度に加えて現場管理職の権限が強化されたことで、一方向への同調圧力がいちだんと強まっていることがうかがえる。

しかし、問題は単純ではない。視野を広げてみると、かりに現場教員の裁量だけを拡大すれば、それがこんどは児童・生徒にしわ寄せをもたらす恐れがある。実際、現場では担任教師に問題があって児童が困っている場合にも、クラス運営は聖域化されているので同僚教師も介入しづらいことが指摘されている。弊害が下へ、下へと転嫁されている現象を見過ごしてはいけない。

分権は末端にまで及んでいるか

分権化、権限委譲が現場の同調圧力を強めるという構図は、企業でも同じだ。企業では近年、変化の激しい経営環境の中で迅速に意思決定を行い、同時に若手の人材を育成するため、「エンパワーメント」と呼ばれる一種の権限委譲を進めるところが増えている。トップの権限の一部を事業部長に委ねたり、部長の権限を課長に委ねたりするものだ。たしかに権限委譲された管理職は裁量権が大きくなり、仕事のやりがいも増すだろう。

しかし、これも地方分権や教員組織改革の場合と同じで、一般社員にとってメリットがあるとはいい切れない。たまたま部下を大切にする管理職に当たればよいが、逆の場合もある。部下を大切にしない上司に権限が与えられたことで「暴君」ぶりを発揮されたら部下はたまらない。後述するパワハラも、権限と同時にノルマも押しつけられた現場の管理職によって引き起こされるケースが多いのが実態である。

しかも欧米のように組織内外での移動（異動）が自分の意思で行えるならともかく、日本では転職機会がかぎられているうえ人事異動も人事部主導で行われているので、理不尽な圧力から逃れることは難しい。

このように分権や権限委譲は、組織のどのレベルに実質的な権限、裁量権を与えるかによってまったく違った効果をもたらす。したがってグローバル化の中で組織の活性化を狙ったにもかかわらず逆に現場が萎縮してしまったとか、民主主義を推進するための地方分権がかえって住民を息苦しくさせてしまったという皮肉な結果を招く場合があるのだ。少なくとも全体社会―中間集団（中間組織）―個人の三層構造と、その力学を理解していたら、末端にしわ寄せがいくような分権化、権限委譲にブレーキがかけられたのではなかろうか。

要するに個人の立場からすると、**分権はそれが末端の個人レベルに及んで初めて恩恵**

があるということを肝に銘じておきたい。

3　起きるべくして起きた「平成の不祥事」

粉飾決算、パワハラ、イジメ――組織の不祥事の陰に何が？

平成時代の後半には、さまざまな種類の不祥事が世間を賑わした。

一つは、大手企業で立て続けに発覚した組織不祥事である。

大手電機メーカーの東芝では、二〇〇八年から一四年にかけて決算の利益を水増しするなど不正な会計を行っていたことが判明した。二〇〇〇年以降、組織的なリコール隠しが次々に発覚した三菱自動車では、二〇一六年には自動車の燃費データを改ざんしていたことが明るみに出た。また建物の免震ゴムに関するデータの改ざんが二〇一五年に発覚した東洋ゴムでも、二〇〇六年ごろからたびたび偽装を繰り返していた。そのほか食品メーカーの商品偽装や、生命保険の不適切な販売などが近年、次々に発生した。

いっぽうスポーツ界では、二〇一八年に起きた日大アメリカンフットボール部の部員による悪質タックルをはじめ、女子レスリングや女子体操、日本ボクシング協会におけるパワハラなど不祥事の告発があいついだ。

そして教育現場では、二〇一九年に神戸市の公立小学校で教員同士のイジメが発覚し、刑事事件寸前にまで発展した。

このように企業や役所で続発した組織的な不正、職場や各種団体の中で発生したイジメ、パワハラ、セクハラなどは平成時代の組織イメージに暗い影を落とした。

特徴的なのは、いずれも第1章で述べた同調圧力をもたらす三つの要因、すなわち閉鎖的、同質的、そして個人が分化されていない環境のもとで起きている点だ。その意味では起きるべくして起きた出来事だといえる。それを裏づけるように、前述のほかにも同じ組織が同種の不祥事を繰り返している事例が少なくない。東日本大震災の際に原発事故を起こした東京電力で、その後もミスやトラブルがたびたび発生しているのはまさに象徴的である。

進む啓発活動の裏側で深刻化する人権侵害

問題の深刻さは、意識改革を求める政策や運動が展開されている中で不祥事が発生し続けているところにもあらわれている。

日本でも最近は人権の啓発活動が進み、国民の間で人権に対する意識は高まっているはずである。また政治や行政、企業経営においてはコンプライアンス（法令遵守）やポリティカル・コレクトネス（政治的正当性）、アカウンタビリティー（説明責任）が求められるようになった。

ところが組織の中に目を向けると、それによって**問題が解消されないばかりか、数字だけをみるとむしろ世論に逆行するかのような様相さえみられる。**

文部科学省の調査によると小・中・高校のイジメ件数は平成の後半からうなぎ登りで二〇一九年には六一万件を超え、過去最多となった。件数の増加そのものはイジメが社会問題化し、それまで見過ごされていたものが表面化したということもあるだろうし、現場で積極的に対応した結果のあらわれともいえる。

しかし、いじめ防止対策推進法でいうところの重大事態、すなわち「児童等の生命、心身又は財産に重大な被害が生じた疑いがあると認める」事態もまた過去最多となっていることをみると、やはり問題は深刻さを増しているといわざるをえない。

イジメは通常、児童・生徒間で発生するものだが、教師から児童や生徒に対して行われるものに体罰がある。文部科学省は部活動中の体罰が生徒の自殺につながったとみられる件を受けて、二〇一二年に全国の中学校・高校で詳細な実態調査を行った。その結果、体罰件数が五〇八八件、うち部活中に発生したものが二〇二二件にのぼった。

また神戸市の公立小学校における暴行事件がきっかけで注目を集めた教職員間のハラスメントも、依然として後を絶たない。全日本教職員組合が青年教職員を対象として二〇一九年に行った調査では、回答のあった八一一人のうち、パワハラを受けた（「よくある」「ときどきある」の合計）という人が三一・九％と三割強を占めている。さらにハラスメントを受けた人の三割近く（二九・四％）が「ハラスメントが原因で退職しようと思ったことがある」と答えている。

企業など職場全体に視野を広げると、いっそう深刻な実態が浮かび上がってくる。

暴力・ハラスメントを根絶する条約がＩＬＯ（国際労働機関）で採択され、日本では通称「パワハラ防止法」が成立した二〇一九年、連合（日本労働組合総連合会）は全国の二〇～五九歳の有職男女（経営者、自営業者などを除く）一〇〇〇人に対してインターネットで調査を行った。その結果、三七・五％の人が「職場でハラスメントを受けたことがある」と答えている。しかも年齢層や性別の違いを超え、広く蔓延している実態がうかがえる。さらにハラスメントを受けた人の四四・〇％はハラスメントを受けても「だれにも相談しなかった」と答えており、理由としては「相談しても無駄だと思ったから」が六七・三％と突出して多い。

回答の中からは、やはり組織に構造的な問題があることがひしひしと伝わってくる。

背景にタテの圧力と個人の「未分化」

構造的な要因の中でも見逃されやすいのは、前述した「個人の未分化」である。個人の仕事の分担や権限などが明確になっていると、いわばシェルター（避難所）のように個人を外圧から守る。ところが日本の組織では一人ひとりの分担が不明確で、個人が組織や集団に溶け込んでいる。たとえ制度上は分担が決められていても、実際は集団単位で仕事が行われるケースが多い。そのため、圧力が直接個人にかかる。上司と部下が一緒に仕事をする機会も多いのでパワハラも起きやすい。

未分化の問題はそれだけにとどまらない。上司を含めた集団単位で行う仕事が多いので、部下は命じられなくても上司の立場や意向を忖度し、行動する。また、大事な意思決定も非公式な話し合いやあうんの呼吸で行われる。その結果、いつ、だれが決定したのかはっきりしないようなことが起きる。

そうすると、たとえ不祥事が発覚し、責任を追及されても上司は「命じてはいない」「部下が勝手にやったことだ」と言い逃れできるし、部下はそもそも権限がないので責任を追及しようとしても限界がある。かくして、そこに責任の空白地帯、「集団無責任体制」ができる。自分の責任が追及されないと思えば大胆になり、ルールを破ってでも自分の利益を追求する者があらわれる。**個人が未分化な共同体型組織では個人が圧力の「犠牲者」になるだけでなく、組織を隠れ蓑にした不祥事の「犯人」になる場合も少なくない**のである。

しかし、実は構造的な要因だけが不祥事を引き起こしているわけではない。企業等における不祥事の事例からは、共同体型組織という構造的な要因にイデオロギーとしての共同体主義が加わり、それが組織メンバーへの圧力となって不祥事を引き起こしたケースが多いことがわかる。

東芝の不適切な会計処理をめぐっては、経営陣があまりにも高い収益目標を設定し、「チャレンジ」と称してその目標を達成するよう現場に強く迫った。それが不適正な会計処理を引き起こしたといわれる。(注12)また三菱自動車の燃費データ偽装も、業界内の競争による焦りが背景にあったことが指摘されている。

警察大学校警察政策研究センター教授の樋口晴彦も、多くの組織不祥事の背景について分析し、プレッシャーが不祥事につながったことを明らかにしている。たとえば二〇〇七年に不適切な取引が発覚した加ト吉事件では、「売上拡大主義型の組織文化により、個々の事業部の責任者に対して売上拡大の強いプレッシャーがかかっていたことが循環取引を誘発した」と述べている。(注13)

民間企業だけではない。各地の警察ではデータの改ざんや不適切な報告といった不祥事が後を絶たない。そこにも企業不祥事と同じ構図がみられる。その一例が大阪府警で二〇〇八年から一二年にかけて発生した街頭犯罪を過少申告していたケースであり、当時の知事が掲げた「犯罪件数ワーストワン返上」という目標が大きなプレッシャーとして働いたといわれている。

こうした事例から、共同体主義が目にみえない形でプレッシャーをかけ、それが不祥事につながっている実態がうかがえる。

「承認欲求」が加害行為に駆り立てる

イジメ、体罰、ハラスメント、組織不祥事を取り上げ、それらが共同体型の組織・集団と、共同体主義によってもたらされていることを説明してきた。

ところで個人の立場からみると、自分の外からくるこれらの要因は、心理という内面の要因と絡み合いながら問題を引き起こしている。**そこで視点を変え、個人の心理面からこれらの問題に光を当ててみよう。**

「心理」の中でもとくに注目したいのが、前章でもとりあげた承認欲求である。そこに注目すると直接手を下した者だけでなく、周囲の傍観者、そしてイジメやハラスメントの場合には被害者もまた承認欲求にとらわれていることがわかる。

それを具体的に説明しよう。

まず体罰やハラスメントでしばしばみられるのは、自分の力や地位を素直に認めようとしなかった者に対して加害者が力尽くで認めさせようとしたり、制裁を加えたりするパターンである。あるいは周囲に自分の力を誇示するため、イジメやハラスメントのような行為に及ぶ場合もある。

もちろん承認欲求が人を加害行為に駆り立てるのは日本人にかぎらない。ナチスのもとでポーランドで大量のユダヤ人を強制輸送し、殺害したホロコースト。それに携わったのはごく普通の労働者たちであり、彼らが自ら残虐行為に手を染めたのは、仲間から臆病者とみられたくないという思いや、軍団の前で面子を失うことへの恐れだったと記されている。(注14)

ドイツ文学者でファシズム研究家の池田浩士もまた、ナチス・ドイツや戦時の日本における行為について、「人びとに知られて評価され、賞讃され、人びととの共感を呼んで

人びとに共有されながら、拡大再生産されて、人びとの結束を固める力となっていく」と表現している。(注15)

要するに、たとえ背後に強制力が働いていたとしても、共同体の中で承認されたいという意識が加害行動に駆り立てていたことは否定できない。

傍観者、被害者も承認欲求の呪縛に

いっぽう傍観者と被害者については、より消極的な形で承認欲求が働いている場合が多い。

イジメやハラスメントがあっても、みてみぬふりをする人や加担する人。彼らはそれを阻止することで加害者であるボスから、あるいは共同体のメンバーたちから承認を失うのがこわいのである。仲間はずれに同調した人は口々に、「仲間はずれするのに加わらないと自分が仲間はずれにされる」と語る。

そのため、内心では助けたい、イジメに加わってはいけないと思ってもそうする勇気がわかない。ちなみに神戸市の公立小学校で起きた教員間の事件でも、ハラスメントを

止めたり是正したりする者が出てこなかったと指摘されている。(注16)

組織不祥事も同様であり、多くのケースでは問題が世間に発覚するまでだれも止められない。制度による対策がなかなか効果をあげないことをみても、その深刻さがわかる。

不祥事防止の切り札として二〇〇四年に制定されたのが、「公益通報者保護法」であり、内部通報者を保護するため通報者に対して解雇や降格など不利益な取り扱いをすることが禁じられた。ところが前記の電機メーカーや自動車メーカーによる不祥事などのケースでは、**社内に内部通報制度が設けられていたのにもかかわらず不正を早期に発見する役割が果たされなかった。**そこからは社員が不正を告発することで、社内の承認を失うのをいかに恐れているかが伝わってくる。

そしてイジメやハラスメントの被害者の立場からすると、被害をうったえることは自分の弱さを認めることになり、自尊心が傷つく。とくに子どもの場合、学校でいじめられていることを親や兄弟に打ち明けたら、家族という共同体の中での地位、たとえば「頼りになる子」「強い兄（姉）」という評価を失うかもしれない。それは子どもにとっても耐えられないことだ。そのため学校で少々いじめられてもがまんしてしまうのである。

またイジメやハラスメントに抗議すれば、下手をすると共同体を敵に回すことにもなりかねない。

第1章で述べたように共同体の中には公式・非公式の序列が存在するので、承認を失わないためには上下関係に基づく少々の理不尽は堪え忍ばなければならないのである。それをよいことに加害者は図に乗る。こうしてイジメやハラスメントがだんだんエスカレートしていく。なお神戸市公立小学校の事件でも、加害者は被害者より年長で教員歴も長く指導的立場にあったことが報告されている。(注17)

このように加害者、傍観者、被害者の三者がそれぞれ承認欲求に呪縛され、それが共同体の構造的な要因と相まって不幸な結果をもたらしていると考えられる。

そして、共同体主義が「ブレーキを外す」

しかし、それだけではまだ納得できない疑問が残る。いくら共同体組織という特殊な環境があり、その中で認められることが大切だとしても、犯罪にまで手を染め、場合によっては民事的・刑事的に訴えられるようなリスクを冒すだろうか？　また不正義を目にしたメンバー全員が傍観するようなことがあるだろうか？

やはり、そこには冷静な判断、合理的な計算を麻痺させる力が働いていたと想像される。冷静な判断や計算抜きで共同体の論理に従わせたもの。たとえ我に返って正義との葛藤に陥ったとしても、その葛藤を打ち消したもの。それがイデオロギーとしての共同体主義である。

そのことを裏づけるように、部員への暴力事件を起こした名門校の監督や、不祥事に関わった企業の幹部は当時を振り返って、「部員に熱意が感じられなかったので、つい手を出してしまった」とか、「当時は異論を唱えられる空気ではなかった」「会社の方針に反することは考えないようにしていた」と口にする。また「組織を守ろうとする一心から一線を越えてしまった」と述懐する人もいる。

容易に想像がつくとおり、そこにはファシズムや軍国主義に洗脳された人たちが無感情に、ときには自ら進んで残虐行為に及んだ姿とも共通するものがある。

心理的圧力を受けた人間が容易に思考停止状態に陥ることを裏づけた研究としてよく知られているのが、いわゆる「アイヒマン実験[注18]」である。

ナチス・ドイツによるユダヤ人虐殺の指揮官から名を取ってこう名づけられた実験では、教師役の被験者と生徒役の人(サクラ)が同じ部屋に入れられ、生徒役の人は電気いすに縛りつけられた。教師役の被験者は実験者から、生徒役の人が答えをまちがえるたびに強度を上げながら電気を流すよう言い渡された。すると教師役の被験者は指示どおり電気を流し、高圧の電流で生徒役の人がもがき苦しむ姿(演技)を目にしても、ためらわずに電気を流し続けたのである。

同調圧力で思考停止に陥ることがいかに危険かを物語っている。

問題は、このような危険性が十分に認識されていないことである。 たとえば不祥事が明るみに出ると、責任者は判で押したように「管理の徹底」や「綱紀粛正」を唱え、周囲もそれを受け入れる。その結果、当面は不祥事を防ぐことができるかもしれないが、問題意識と責任感は内面化されていない。

そのため、管理が強化されるとますます無批判に追随し不祥事を繰り返すといった現象が起きる。前述したように同じ企業で同種の不祥事が繰り返され、行政の啓発活動や人権意識の高まりの中でもイジメやハラスメントがなくならない背景には、このような悪循環が生じている可能性がある。それを防ぐためにも、不祥事の根底に共同体主義という目にみえない病根が潜んでいることを疑わなければならない。

（注1）二〇一九年一月三〇日付「朝日新聞」
（注2）日本生産性本部の調査
（注3）ＩＭＤの調査
（注4）F. J. Roethlisberger and W. J. Dickson, *Management and the worker*, Cambridge, Mass. : Harvard University Press, 1939.
（注5）山口栄一『イノベーションはなぜ途絶えたか――科学立国日本の危機』筑摩書房、二〇一六年、一八二－一八三頁
（注6）苅谷剛彦『オックスフォードからの警鐘　グローバル化時代の大学論』中央公論新社、二〇一七年
（注7）吉田文「日系企業の採用『空気読む人材』優先続く」二〇一九年七月一五日付「日本経済新聞」
（注8）川村光「同調圧力のなかでいまを生きる教師たち」『教育』二〇一四年九月号　かもがわ出版
（注9）Ｇ・ジンメル（居安正訳）『社会分化論 社会学』青木書店、一九七〇年
（注10）朝比奈なを『教員という仕事　なぜ「ブラック化」したのか』朝日新聞出版、二〇二〇年
（注11）岩月真也『教員の報酬制度と労使関係　労働力取引の日米比較』明石書店、二〇二〇年

（注12）第三者委員の調査会報告書による
（注13）樋口晴彦『組織不祥事研究　組織不祥事を引き起こす潜在的原因の解明』白桃書房、二〇一二年　二一六頁
（注14）C・R・ブラウニング（谷喬夫訳）『増補　普通の人びと　ホロコーストと第101警察予備大隊』筑摩書房、二〇一九年
（注15）池田浩士『ボランティアとファシズム　自発性と社会貢献の近現代史』人文書院、二〇一九年、三一一頁
（注16）第三者委員会の調査報告書による
（注17）第三者委員会の調査報告書による
（注18）S・ミルグラム（岸田秀訳）『服従の心理　アイヒマン実験』河出書房新社、一九八〇年

第4章

コロナで露呈した日本の弱点

1　テレワークと日本型組織は水と油

在宅勤務で生産性が上がったアメリカ、下がった日本

二〇二〇年春、突然私たちの身に降りかかってきたコロナ禍は、あらためて共同体型組織の弱点をさらけ出した。

その一つが新型コロナウィルスへの感染防止のため、いわば「緊急避難」的に導入されたテレワークである。

東京商工会議所が第一次緊急事態宣言後の二〇二〇年五月二九日～六月五日に実施した調査によると、六七・三%の企業がテレワークを導入しており、宣言前の三月の二六・〇%から大きく増加している。とくに従業員三〇〇人以上の企業では導入率が九〇・〇%に達した。

ところが日本ではテレワークの導入によって、生産性が低下したという企業が少なく

ない。日米の労働者それぞれ約一〇〇〇人を対象にしたある調査(注1)によると、アメリカでは回答者の七七％が在宅勤務移行後もそれまでと同等またはそれ以上に生産性が上がったと答えているのに対し、日本では「在宅勤務は生産性が下がる」という回答が四三％で「生産性が上がる」という回答（二一％）を大きく上回っている。

とくに対照的なのはコミュニケーションへの影響であり、「以前よりコミュニケーションが取りにくい」という回答がアメリカでは一四％なのに対し、日本では五五％を占め、いかに対面的なコミュニケーションに依存した働き方をしているかを物語る。

生産性低下と並んで注目されるようになった問題に、いわゆる「リモート・ハラスメント」（リモハラ。「テレワーク・ハラスメント」ともいう）がある。

コロナ禍のもとで在宅勤務を経験した人を対象として行われた調査(注2)によると、「業務時間外にメールや電話等への対応を要求された」（二一・一％）、「就業時間中に上司から過度な監視を受けた（常にパソコンの前にいるかチェックされる、頻回に進捗報告を求める等）」（一三・八％）、「オンライン飲み会への参加を強制された」（七・四％）といった回答がかなりの割合にのぼっている。

これらの事実からうかがえるのは、日本企業特有の共同体型組織がテレワークによる働き方の効率化、合理化を妨げていることだ。

そもそも共同体の論理とコロナの対策は根本的に相容れない、いわば水と油のようなものだ。なぜなら共同体は人が溶け込むこと、ひっつくことを求めるのに対し、コロナ対策の基本は人を分けること、離すことだからである。

もう少し具体的にいうと、くり返し述べてきたように日本の組織や集団は「閉鎖的」「同質的」「個人の未分化」という三つの特徴を備えており、それがメンバーへの同調圧力につながっている。ところが情報ネットワークは組織や集団の壁を容易に越え、無際限に広がる。当然、そこには異質な人も参加してくる。それどころかむしろ異質な知識、技術、立場の人がつながってこそ新しい価値が生まれる。つまりテレワークの時代には、従来の同質性を基本にしたチームから、異質性を基本にしたチームへと切り替えなければならないのだ。

そしてメンバーが物理的に離れたところで働く以上、一人ひとりが仕事を分担しなければ仕事が進まないし、管理もできない。さらに共同体の中に自然とできる序列も無意味になる。ネットの世界ではフラットな関係の中で仕事をするのが基本だからである。

地方移住には、もう一つの「共同体の壁」が

テレワークの影響は、仕事の領域だけにとどまらない。

テレワークを行っている二〇～五九歳の男女正社員に対して行われた調査によると、四分の一以上の人が「私は、孤立しているように思う」（二八・八％）、「私には仲間がいない」（二五・四％）と答えている。しかも容易に想像がつくように、テレワークの頻度が高くなるほど孤独感も強くなっている。(注3)

また「コロナうつ」という言葉も生まれるなど、メンタル面に不調をきたす人も増えてきた。(注4)

かつて「会社人間」と揶揄されたように日本人サラリーマンには、地域のコミュニティや趣味の会、ボランティア団体などに所属し、活動している人が少ない。会社という共同体へ一元的に帰属しているため、テレワークで会社との結びつきが弱くなると、孤立しやすいのである。

物理的にはテレワークが普及すると自宅で仕事ができるだけでなく、居住地の制約からも逃れられる。長年続いた東京一極集中、地方から大都市へという人口移動の方向が逆転し、人口の分散化や過疎対策が進むのではないかと期待されている。

社員の働き方を原則テレワークにして、全国どこでも働けるようにする会社も登場した。また人材派遣のパソナグループが本社機能の一部を兵庫県の淡路島へ移転し、大半の社員を異動させると発表して話題になるなど、会社ぐるみで地方へ移転する動きも出てきている。

地方に移住すれば通勤地獄や都会の喧噪から解放され、自然に恵まれた環境の中で働ける。休日には家族で釣りやサイクリングに出かけたり、友人たちとバーベキューを楽しんだり……。そんなバラ色の夢を抱いて地方暮らしを始める人が増えてきた。

ところが実際には、そのような夢が断たれるケースが少なくない。

地方への定住促進プロジェクトに関わる人たちによると、せっかくIターンなどの形で移住しても、比較的短期間のうちに都会へ戻ってしまうケースが後を絶たないそうだ。主な理由は、仕事上の不都合や生活の不便さなどより、地域の風土に溶け込めないことだという。

地方では人びとがその地域に定住しており、幼稚園や小学校から大人になるまで一緒というように人間関係が固定化されている。堅牢な共同体がそこに築かれているのである。したがって大人も子どもも、外からやってきて仲間の輪に入るのは容易ではない。

そのいっぽうで、定住する以上は地域の一員としての役割を果たすことが求められる。多くの地域では若者の流出が進み、地域の担い手不足に頭を痛めている。そのため移住者にも地域のさまざまな役職が割り当てられ、休日のたびに会合や催しに駆り立てられる。しかも休日に家族でレジャーを楽しんだり、旅行に出かけたりする文化が根づいていないので、周囲から奇異な目でみられることもある。

要するに人の流動性が低い地域では、共同体への全面的な帰属が期待され、異質な生活様式に対する許容度が低い傾向がある。

このようにテレワーク浸透の前には、職場と地域の両方で厚い共同体の壁が立ちはだかっているのである。

報酬は貢献への対価か、負担への見返りか

ただ、ここでも見過ごせないのは、合理性を超越した共同体主義の影響である。その点に注目してみよう。

日本企業で働いた経験のある外国人が異口同音に語ることがある。「日本人は会社にいることが仕事だと思っている」というのだ。

それは「帰りにくさ」「休みにくさ」にもつながる。

日本では正社員の労働時間が主要国の中で突出して長い状態が続いており、その主な原因は残業の多さである。そこで正社員六〇〇〇人を対象に行われた調査(注5)の結果をみると、残業時間を増やしていた要因のトップは「周りの人が働いていると帰りにくい雰囲気」だった。

また有給休暇もヨーロッパではほぼ一〇〇%取得されているが、日本では長年五〇%程度で推移している。有給休暇を残す理由について尋ねた調査(注6)では、「休むと職場の他の人に迷惑をかけるから」（六〇・二%）、「職場の周囲の人が取らないので年休が取り

にくいから」（四二・二％）、「上司がいい顔をしないから」（三三・三％）という回答が上位に入っている。

そして仕事の成果よりも出勤していること、会社にいることに重きを置く風土はコロナ禍でまた厄介な問題を露見させた。

多くの経営者が言うには、営業などテレワークができる部署に対する、製造などテレワークができない部署からのやっかみ、不公平感がとても強いそうだ。ある会社ではやむなく営業のスタッフ全員を雇用から業務委託に切り替えたという。

この問題の根はとても深い。なぜなら、効率性の論理と共同体の論理が正面からぶつかっているからである。

単純な経済学の論理からいえば、報酬は貢献への、あるいは提供した労働力への対価である。しかし共同体の論理に照らせば、共同体の一員としてどれだけ苦労したか、犠牲を払ったかに応じて報われるべきだという理屈になる。第1章で述べたように閉鎖的な共同体の中は、だれかが得をするとだれかが損をする「ゼロサム」構造になっている。したがって公平を期すためには、大きな負担をした人ほど報われなければならないのである。

たとえば同じ仕事でも定時にやり終えて帰る人より、時間をかけて残業した人のほうが多くの収入を得るのは不合理なようだが、それだけ自由時間を犠牲にしたと思えば周囲は納得する。しかも実際に後者のほうを評価する管理職は少なくない。また業務上の必要があるか否かにかかわらず一律に転勤させるのも、転勤や長時間残業を受け入れてきた総合職を一般職より高い地位まで昇進させるのも、建前はともかく本音としては負担の不公平を感じさせないためという理由が背景にある。

要するに日本の職場では効率性の論理と共同体の論理が渾然一体となっており、それが問題を複雑にする。一貫した論理の欠如がしばしばご都合主義や、恣意的な人事を招くことになる。そしてテレワークの普及や雇用形態の見直しなど、働き方改革も中途半端なものにとどめてしまう。

なお、すでに述べたとおり国や地方自治体なども広い意味では共同体型組織である。したがって、そこでもしばしば成果より負担や犠牲が重視される。

いわゆる公務員バッシングはその典型である。たとえば役所の職員が定時に退庁し、休暇をめいっぱい取得したり、良好な環境で快適に働いていたりすると住民からクレームがくることがあるという。そのため非効率だとわかっていても夏場に冷房をつけず、薄暗い中で残業をするような光景がみられる。

総理が自粛期間中に会食をしただけで責任を追及されるし、逆に「汗をかく」とか、「自ら身を切る」といえば多くの国民・住民は納得する。総理といえども同じ共同体の一員であるかぎり、一般国民と同じように共同体の規範、共同体の論理に従うことを最優先させられる。何を成し遂げたかは二の次なのだ。

また、かつてオリンピック出場選手が出発に際し、「楽しんできます」と挨拶しバッシングされたことがあったのを覚えている人もいるだろう。国から支援を受け、国の代表として参加する以上は「楽しむ」なんてもってのほかで、精一杯がんばる姿を示さなければならない。五輪生活をエンジョイする姿をさらしながら金メダルを獲っても世間の批判は避けられないが、死力を尽くして敗退したらその姿は賞賛される。そういう光景を私たちはどれだけ目にしてきたことか。

共同体の論理が支配し続ける以上、組織や社会の改革は必ずといってよいほど暗礁に乗り上げることを覚悟しなければならない。

2 自粛警察、SNS炎上にみる「大衆型同調圧力」

圧力の方向はタテからヨコへ

コロナ禍が日本の組織、日本人の働き方に与えた影響は衝撃的だった。新型コロナウィルスは組織の壁、そして旧来の秩序まで破壊する。「密」を許さない新型コロナウィルスの性質により、ピラミッド型の閉ざされた組織が機能しなくなった。代わって主役に躍り出ようとするのがテレワークという働き方、ネットワーク型の組織である。

タテのピラミッドからヨコのネットワークへ——。それは同調圧力を語るうえでも象徴的な変化である。

この数年、同調圧力の風向きが少し変わってきたと感じている人が少なくないのではなかろうか。

象徴的な例が東京五輪をめぐる世論の変化である。誘致から開催準備まで国や東京都などの体制主導で進められ、国民一丸で大会を盛り上げようという機運に水を差す余地はなかった。ところがコロナ禍で世論は一変し、開催に反対する声が支配的になった。SNS上では五輪出場が決まっている選手に対して、出場辞退を促すメッセージが送られ、選手を困惑させる事態もあった。

そして国民にワクチンが行き渡らない中で選手に優先接種することへの批判が強まり、国民にしわ寄せが生じない別枠による接種でも「不公平だ」「選手と国民の一体感が損なわれる」といった声がネットの世界を席巻した。要するに日本という共同体の同調圧力は変わらない中で、圧力の方向がタテからヨコへ変化したのである。

変化の兆しはコロナ禍以前から、私たちの身近なところでもすでにあらわれていた。近年、職場で上司が部下を飲みに誘うことはめっきり少なくなった。上司に中元や歳暮を贈る習慣も消えた。私生活でも結婚式を挙げないカップルが増えているし、葬儀も家族葬が急速に広がり、結婚式や葬式に職場関係者が参列する光景はほとんど目にしなくなった。それだけ職場共同体の中での序列と「囲い込む力」が弱まったことをあらわしている。

またコロナ禍で大小のスポーツ大会、地域の祭りや各種イベントが軒並み中止された背景にも、ある変化が読み取れる。まるでドミノ倒しのような中止の連鎖については、中止せざるをえない同調圧力のあらわれととらえる人が多い。そもそも一つの方向へいっせいになびかせるのが同調圧力の性質だからである。

しかし中止を決定した当事者の周辺からは、それと違った声も漏れ聞かれる。これまで組織による無言の圧力のもとで中止や簡素化の声を上げづらかったが、コロナ禍を理由に堂々と言えるようになったというのだ。つまり新型コロナウィルスの蔓延を防ぐという大義名分が、タテ方向の同調圧力を弱める大きな力になったわけである。

無際限の貢献を求める企業組織にしても、家父長主義の経営にしても、背後には制度化された序列やルールがあった。企業不祥事やパワハラも上下の力関係の中で起きている。つまり、そこにはタテの同調圧力が強く働いているのだ。

しかし徐々にその弊害が指摘され、被害者は声を上げるようになった。マスコミの力を借りながら世論もそれに呼応して盛り上がり、過剰な同調圧力にブレーキがかかり始めた。そして共同体主義そのものに少しずつ警戒の目が向けられてきた。

何が、タテの圧力を下げるのか

背景には、タテ方向の同調圧力を小さくした構造的な要因が横たわっている。

それは広くとらえるなら工業社会からポスト工業社会への移行、その中でもとくに大きな役割を果たしたのがＩＴ化である。そこには当然ながらインターネットの普及からＡＩの進化、それに価値の源泉がハードウェアからソフトウェアに移行したような波及効果も含まれる。

まず、工業社会からポスト工業社会への移行がもたらした影響を考えてみよう。

製造業では原材料の調達から部品の製造、組み立て、出荷といったプロセスをたどる。そのため業界にも社内にも一方向の流れができ、それが元請と下請の関係や組織の階層といったピラミッド型の構造をつくる。そして製造業は経営環境も比較的安定しているので、雇用も長期的になる。その点でも年功序列制がなじみやすい。いっぽうサービス業、あるいは製造業でもソフトウェアの比重が大きい業種では、仕事が市場や顧客と直結していて階層化されにくい。そのため雇用も流動的になる。

その結果、働く人にとっても従来のような昇進を軸にした垂直的キャリア形成が行き詰まり、組織の枠を超えてヨコ方向にキャリアを形成する人が増えてきたのである。社内での出世を考えなくてもよくなれば、必然的にタテ方向の同調圧力は弱まる。

そしてIT化は、少なくとも二つの意味でタテ方向の同調圧力を低下させた。

一つはパワーの源泉が経験やローカルな知識、つながりから、創造力や専門的な知識・技術などへシフトしたことである。それによって組織の中では階層的な序列を正当化する理由が薄れてしまった。実際、職場では年齢の若い部下のほうが年長の上司よりも創造力や専門的知識・技術が優れ、上司が部下の協力や支援を受けなければ仕事が回らないといったケースも増えている。そして、これらの知識や能力があればいざとなったら転職もできる。そのため社員は、かりにタテ方向の同調圧力を加えられても、それに抵抗できるわけである。

もう一つは、ITの情報伝達力である。#MeTooやBLM（ブラック・ライヴズ・マター）の運動が象徴するように、タテ方向の不当な圧力に対する告発は一気に世界中へ広がる。国内でも政府、自治体、企業などあらゆる組織が人びとに不当な圧力をかければ、それがネットをとおして拡散され、血祭りに上げられる。これまでのようにトップダウンで火消しをしようとすると、かえって火に油を注ぐことになる。

組織の中でもＩＴの情報伝達力は力関係の構図を変える。かつては管理職が重要な情報を独占しており、組織内でそれを分配したり調整したりする役割を果たしていた。いわば情報のゲートキーパー（門番）だったわけである。そのため部下は、上司に頼らなければ仕事ができなかった。ところがインターネットの普及により、だれでも組織の壁を越えてコミュニケーションがとれるようになった。その結果、組織の階層があまり意味をなさなくなり、組織の外部とも容易にネットワークを築くことが可能になった。

このようにＩＴ化によって組織内の階層的なパワーの後ろ盾が失われ、それがタテ方向の同調圧力を弱くしたということができよう。

圧力源が権限・序列から「正義」へ

しかし、それによって人びとが同調圧力そのものから解放されたわけではない。タテ方向の同調圧力が低下するのと反比例して上昇してきたのが、ヨコ方向の同調圧力である。タテの序列が崩れ密室の壁に風穴が開きつつあるかと思えば、形を変えた別の閉鎖的な社会が生まれ、ヨコ方向から圧力をかけてきたのだ。そもそも背後に共同体主義があるかぎり、タテの圧力に代わってヨコの圧力が強まるのは当然といえる。

タテ方向の同調圧力はバックボーンが公式の権限、序列だった。**いっぽう新たに顕在化したヨコ方向の圧力のバックボーンは括弧つきの「正義」である。**少なくとも形のうえでは、より「民主的」になったといえるかもしれない。

ところが同質的な社会では、「正義」も一面的になりやすい。いちど世間からお墨つきを得ると、「正義」の御旗《みはた》のもと、それに反するものは容赦なく糾弾され、排除される。従来の上から下へという圧力と違って、水平方向に加えて下から上へ、たとえば政治家や組織のリーダー、著名人もターゲットになる。しかも上からの圧力と異なりヨコや下からの圧力は圧力をかける者の数が多く、姿はみえない。それだけに歯止めなくエスカレートし、ときには感情論も入り交じってルサンチマンや魔女狩りの様相を呈するケースもある。「正義」の名のもとに、問題の本質から離れた議論が独り歩きすることもある。

もある。

それでも外見上は「庶民対権力」「弱者対強者」「正義対悪」という垂直型、勧善懲悪型の構図をつくるので、攻撃に抑制がきかない。たとえば政治や行政の世界でも、産業界でもいったん「不正義」を告発されるとリーダーが反論したり、弁明したりすることがきわめて難しくなっている。そのことを熟知したうえで、政治家や官僚などを強者、権力者に祭り上げ、「正義の味方」よろしく痛罵《つうば》を浴びせることも可能だ。

行き過ぎた「告発」に萎縮する現場

こうした風向きの変化は、職場や学校など私たちの身近なところでも起きている。**ハラスメントや差別に対する告発の動きが社会全体へ広がるにつれ、勢い余って何でもそれに結びつける風潮**が目立つようになってきた。

一説によると「ハラスメント」の種類は三〇種を超えるほどあるらしく、無秩序に増殖し続けている。そして現場では、いったん「ハラスメントだ」「差別だ」と決めつけられたら終わりだ、というあきらめに似た空気が漂っている。その結果、学校では教師が生徒を、職場では上司が部下を指導できないとか、同僚どうしでも異性に声をかけたり親身になって相談に乗ったりすることさえ難しくなったという声が聞かれる。

いっぽう組織の側は、たとえ行き過ぎた告発だとわかっていても、社員や職員を守ろうとせず、自身に火の粉が降りかかるのを恐れて厳しい処分を下す。それを知った社員や職員はいっそう萎縮し、「触らぬ神に祟りなし」とばかりに周囲との関わりを避けようとする現象が生じている。

また批判を受けないよう、組織とメンバーの双方が先回りして自ら「正義」のハードルを引き上げる動きもみられる。前章で取り上げた自治体の禁酒令や、一部力士の不適切な投稿が炎上したのを機に、日本相撲協会が力士のSNS使用を全面的に禁止した例などもそうした潮流の中にあるといえよう。そして最近は、問題となる言動が週刊誌やマスコミに取り上げられた時点で「多勢に無勢」と観念し、反論や弁解をすることなく自ら地位を降りたり、表舞台から姿を消したりするケースも目立つようになってきた。

それだけタテよりヨコ方向の同調圧力が勢いを増していることをあらわしている。

タテ方向の同調圧力を「家父長型同調圧力」と呼ぶなら、ヨコ方向のそれは「大衆型同調圧力」と呼ぶのがふさわしいだろう。

注目したいのはヨコ方向の同調圧力においても、**攻撃する者、される者、傍観者という三者の関係が前述したイジメやハラスメントの場合と驚くほど似ている**ことである。違うのは圧力の方向がタテかヨコか、そして背後に社会的な「正義」があるかどうかだけだといってよい。

とりわけ日本社会で問題なのは、そこに異論を受け入れる懐の深さがないことだ。

アメリカではトランプ元大統領の常軌を逸するような言動がたびたび批判を浴びたが、いっぽうにはそれさえ擁護するような勢力が一定の存在感を示していた。また前述の#ＭｅＴｏｏ運動が世界を席巻したときには、フランスの女優カトリーヌ・ドヌーブが独自の視点から異論を唱えた。

このように欧米社会では世論が沸騰すると、必ずといってよいほど別の視点から一石が投じられ、少数意見も尊重される。その結果、世論が一色に染まることはまずない。

ちなみに、それは最近喧伝される社会の「分断」現象とは異質なものだ。

「正義・イジメ・ハラスメント」その類似点は?

ところが日本では異論どころか、違う角度からの問題提起や冷静な議論を呼びかけるだけでも、正義を否定しているかのようなレッテルを貼られ、糾弾される。そして社会的な地位を追われる。タテの同調圧力を批判する側が、いっぽうでその批判に同調するようヨコの圧力をかけるという構図がしばしばみられる。

たとえば役所の審議会やスポーツ団体のトップが問題発言をして批判にさらされているとき、ほかの委員や団体のメンバーは口をつぐむ。するとマスコミなどは、「トップに逆らえない空気がある」と指摘する。たしかにそういう場合もあるだろう。しかし、ほとぼりが冷めたころに関係者から聞こえてくるのは、むしろそれと反対の声が多い。事情をよく知る者として少しでも弁明すると「同じ穴のムジナ」だとして自分に矛先が向けられたり、組織全体が批判の矢面に立たされたりするのである。

そのためテレビでもコメンテーターは、周囲に同調して紋切り型の批判ばかりを口にする。つまり、みんなが糾弾の輪に加わるように圧力がかけられるわけであり、それはイジメやハラスメントの傍観者が置かれた立場、心理状態と本質的に差異はない。

イジメやハラスメントと構図が似ているというと、そこに「正義」があるか否かは決定的な違いだと反論されるかもしれない。**しかし注意すべき点は、学校や地域でのイジメも、相手の落ち度を追及する素朴な正義感から始まるケースが多いということだ。**学校では下級生をいじめた子が同級生からその何倍ものイジメを受けたり、地域では共同作業を頻繁にサボる人がときには村八分に近い扱いを受けたりする。

むしろ「正義」を背負っているという確信があるだけに独善や行き過ぎにも気づかない場合が多く、周囲もいっそう異論を唱えにくい。

「正義」の偏りは多くの場合、全体主義的な方向に傾く。

ここで思い出してほしいのは、第2章で述べたように戦前・戦中の軍国主義が強力な独裁者によって導かれたというより、民衆の主導による「草の根」的な性格を持っていたということである。そしていまでも、いざとなれば個人の利益や人権よりも社会や会社の利益、つまり共同体全体の利益を優先する方向へ人びとの立ち位置が大きく動く。

それはコロナ禍に見舞われたときの世論にもみて取れた。コロナの流行の波が二度目、三度目に訪れたとき、緊急事態宣言を出すかどうか、解除するかどうかの議論で天秤にかけられたのは、感染の抑制か、経済への影響か、だった。どちらも全体の利益であり、個人の自由な活動や社会生活といったものはほとんど判断材料にさえならなかった。国や社会の利益に比べたら個人の自由などは取るにたらないものだという考え方が暗黙の前提になっているのだ。コロナ禍が日本よりはるかに深刻な状況にあったドイツでさえ、メルケル首相が、自分たちが勝ち取ってきた自由を制限することの苦衷《くちゅう》を吐露しながら国民に理解を求めたのとは実に対照的である。

ヨコの圧力に無防備な社会

「大衆型同調圧力」は、「草の根」的な性質ゆえに私たちの日常生活の隅々にまで入り込む。そのうえヨコの関係は本来、仲間どうしであるはずなので当人にとってはいっそう耐えがたい。

憲法上の人権保障にしても、パワハラの防止にしても人権侵害は基本的に上下関係(権力関係)の中で生じることを想定しているので、ヨコ方向の圧力に対する保障は手薄である。しかも日本では、会社の仕事や学校行事にしても集団単位で行う機会が多く、連帯責任の慣習もいまだに残っている。そのためヨコ方向の圧力を受けやすい。

さらに、そこへSNSという新たな情報媒体が登場し、個人が圧力にさらされる危険性は以前より格段に増している。にもかかわらず、私たちはそれに抵抗する論理も手段もまだ持ち合わせていないのが現状だ。

絶対的な「正義」と目されていても、視点を変えると別の側面がみえたり、異なる「正義」どうしがぶつかり合ったりすることがある。それによって絶対的な正義だと信じられていたものが実はそうではないとか、正義を実現する方法が一つではないことに気づく場合がある。そうした過程を経て、「正義」の内容が深められ、洗練されていく。

逆に「正義」への異論や反論を抑圧することは、「不正義」の潜在化を招きかねない。一見解決したようでも不満は水面下でくすぶり続け、いつか屈折した形であらわれる恐れがある。少数意見や異論を受け入れるようになることが、成熟した社会へ移行するための課題だろう。

いま社会のフラット化が進み、私たちはタテの圧力から解放されようとしている。本来なら個人が主役になるチャンスである。にもかかわらず自縄自縛《じじょうじばく》ともいえる状況に陥っている現実がそこにあるのだ。

「フラットな社会」に潜む危険――。フラットだからこそ互いに平等だという意識がいっそう強くなる。またコロナ禍のような環境下では社会的にも、組織の中でも人びとが閉塞感に覆われ、いっそう「ゼロサム」構造が鮮明になる。そして関心が内に向かう。

以下ではコロナ禍のもとで世間の話題となった問題をとおして、この点を浮き彫りにしてみたい。

「コロナより怖い」世間の目

ふだんはいくら自分を飾って良くみせていても、追いつめられたら人はその正体をあらわす。社会も同じで、窮地に陥ったときにほんとうの姿をさらけ出す。

コロナ禍で飲食店の営業や他県への移動、不要不急の外出を政府や自治体が自粛するよう呼びかけるなか、営業を続けた店に「オミセシメロ」「さっさと潰れろ」と貼り紙をしたり、県外ナンバーの車に傷をつけたり、公園で遊んでいる子をみつけて警察へ通報する行為が報じられた。事柄の性格上、流行語大賞には選ばれなかったが、その裏バージョンがあれば「自粛警察」はおそらく二〇二〇年の大賞に選ばれていただろう。

コロナ感染者への非難や攻撃もあいつぎ、ある県では最初の感染者を出した家族が一家で引っ越す羽目になり、児童が感染した学校の教師は住民から石を投げられたという。多くの人は「コロナの感染より誹謗中傷のほうが怖い」と口にする。

朝日新聞社が実施した調査でも、「新型コロナに感染したら、健康不安より近所や職場など世間の目の方が心配」という気持ちに「とてもあてはまる」または「ややあてはまる」と答えた人が六七％を占めた。しかも新型コロナウィルスに感染して重症化する不安を（大いにまたはある程度）感じると答えた人でさえ六六％が「世間の目の方が心配」と答えている。(注7)

コロナ禍のもとにおけるマスク着用率の高さについても、実際の必要性より世間の目が強く働いている。第一次緊急事態宣言発出前の二〇二〇年の三月下旬、政府が不要不急の外出自粛を呼びかけた時期に、心理学者の中谷内《なかやち》一也らはマスクを着用する理由についてインターネットで調査を行った。その結果、「同調」がダントツに多く、「自分の感染防止」や「他者への感染防止」などはわずかであった。(注8)やはり日本人は、コロナ禍のもとでも世間の目を強く意識しながら行動していることが読み取れる。

圧力を受けるのには敏感でも、加えるのには無自覚

ただ、この問題を被害者の立場から考えるだけでは一面的すぎる。意外に見過ごされやすいのは、私たち日本人はあまり抵抗感なく他人に圧力をかけてしまいがちだということである。

NHKは新型コロナウィルスの第三波が広がりつつある二〇二〇年の一一月四日から一二月七日にかけて、郵送で世論調査を行った。その結果をみると、感染症対策のために人の移動や経済活動の制限など個人の自由を制限することが「許される」と答えた人が八六%に達している。そして外出の禁止や休業の強制ができるように法改正が「必要だ」という回答が四二%で、「必要ではない」の一九%を大きく上回っている（「どちら

ともいえない」は三八%)。

たしかに**私たちは過剰な同調圧力を苦々しく思いながら、いっぽうで他人に圧力をかけていることに無自覚な場合が多い。**

その集積が世間の目、社会の空気となる。

思い起こされるのはイラク戦争後、武装勢力によって二〇〇四年に日本人が誘拐・拘束された「イラク人質事件」や、二〇一一年に発生した東日本大震災後の「不謹慎狩り」であり、コロナ禍のもとでの「自粛警察」には既視感が漂う。

日本人として自粛するのは当然であり、自粛しない人は許せないという感情。その背後にあるのはやはり共同体主義であり、政府や自治体による声明や自粛要請は非難やバッシングにお墨つきを与える。

行為者にとっては「正義」の後ろ盾があるだけに、相手を攻撃することで自己肯定感や自己効力感(注9)が得られる。なお「自己効力感」とは環境を効果的に支配できているという感覚、平たくいうと自分の能力に対する自信である。自己肯定感や自己効力感は一種の心理的報酬であり、「違反者」を攻撃することによって「よいことをしている」「社会に役立っている」という感覚が得られるため、行動に抑制が利かない。

それを間接的に裏づけるエピソードがある。かつて幼稚園や保育園に無理な要求や理不尽なクレームを突きつける保護者の行動が問題になり、「モンスターペアレンツ」と呼ばれた。ところが「モンスターペアレンツ」という名称が世間に流布するようになってから、その存在が影を潜めたそうである。おそらく自らの行動に理がない、少なくとも絶対的な正義ではないと覚ったのだろう。

いずれにしてもコロナ後の「自粛警察」や、マスクをつけない人を攻撃する「マスク警察」が、素朴な正義感を身にまとった共同体主義に促されたものだということは、「自粛警察」や「マスク警察」が前述したように日本特有の現象である点からも想像がつく。

自粛警察の「出番」は意外と少ない？

ところが一見このような認識と矛盾するような、興味深い調査結果が紹介されている。

慶應大、大阪大、広島修道大などの心理学の研究者が二〇二〇年に日本、アメリカ、イギリスなどで行った意識調査を分析したところ、新型コロナウィルスの感染防止をめぐる市民の行動について、政府の方針に従っているか他人を見張るべきだと考える人の割合は、日本は欧米諸国や中国より低いことがわかったという。(注10) 日本では「自粛警察」や「マスク警察」があれだけ世間を騒がせていただけに、この調査結果には少々意外な感じがする。

これはいったい何を意味するのだろうか？

一つの解釈として、「自粛警察」や「マスク警察」はきわめて例外的な「違反」行為に対して「出動」したのではないかと考えられる。

実際、全国に緊急事態宣言が出されていた二〇二〇年の春、大多数の飲食店は営業を自粛していた。また一日に一〇〇〇人ほどの死者が出ている欧米諸国でもマスク着用率が六割程度なのに、日本での着用率は一〇〇％近かった。つまり「違反者」が例外的だったから「警察」が出動したのだろう。

だとしたら、問題はむしろそちらのほうにある。**「自粛警察」が出動するまでもなく、**

目にみえない同調圧力のもとでほとんどの国民は自粛せざるをえなかったのである。

当然ながら、同調圧力のもとでの自粛は人びとに大きなストレスを与える。

徳島大学の山本哲也准教授らが行った調査によると、二〇二〇年春の緊急事態宣言の期間中、四八％の人がストレスを感じ、一八％の人が治療の必要なうつ状態にあった（注11）。

また日本人の自殺者は二〇一九年まで一〇年連続で減少していたが、コロナ禍が蔓延した二〇二〇年七月以降は一転して前年を上回るようになり、年間では前年を三・七％上回った。とくに女性は過去五年で最も多かった（注12）。子どもの自殺も二〇二〇年は前年より四割以上増え、過去最多となった（注13）。

さらに自殺した人の背後には、自殺には及んでいないものの自殺のリスクを抱えた人がたくさんいることも忘れてはいけない。ネットなどで中傷やバッシングを受けた人だけでなく、コロナ失業や経済的な打撃、それに長引く自粛生活の孤独感、閉塞感とストレスから自殺を考える人が増えたといわれる。みえない圧力が背後で働いていることは想像に難くない。なお、次章で紹介する岡壇《まゆみ》の研究もそのような可能性を示唆していることに注目したい。

バッシングをヒートアップさせる「エコーチェンバー現象」

ところでバッシングや誹謗中傷の多くは、ツイッターやＬＩＮＥ、ブログへの書き込みなどＳＮＳを介して行われている。したがってＳＮＳは共同体の同調圧力と関係が深い。

私はＳＮＳが本来は表に出ない共同体の非公式な面、本音の部分を表に出してしまうところに危険性があると考えている。仲間どうしのうわさ話や世間話、個人的なぼやきなどはもともと私的なものであり、仲間うちでのみ許される性質のものである。ところが同じ感覚でそれをツイッターやブログに書いてしまうと、あたかも公共性を備えた話であるかのように共有され、だれかを傷つけたり、逆に投稿者がたたかれたりする。しかもネガティブな投稿の大半は匿名で行われるので節度がない。攻撃されるのを恐れるため人びとは自粛するようになり、言動の自由はますます制約されていく。

それに拍車をかけているのが、いわゆる「エコーチェンバー現象」である。「エコーチェンバー」とは音楽のレコーディングなどに使う密閉された部屋のことをいう。その中では、自分の発した音が増幅されて聞こえる。ＳＮＳでもそれと同じように、自分と同じ意見ばかりが目に入るようになり、しかもだんだんヒートアップしていく。そのため自分の発言に自信を深めるいっぽうで、自分と違う考え方に接し、内省する機会が失われるわけである。そして、ますます異質な価値観や意見を排除するようになる。

なお同調圧力という点では、同じＳＮＳでもその種類によって性質に差があることに少し触れておきたい。

ツイッターは共同体の範囲が広く、閉鎖性や同質性の程度が低い。したがって求められる同調のハードルは低い。そのため比較的自由に意見を述べたり、異論を唱えたりできる。逆に、そのぶんだけ炎上のリスクが高く、拡散力も大きい。

いっぽうフェイスブックやＬＩＮＥ、インスタグラムなどは共同体の規模が小さく、閉鎖性、同質性が強い。したがって同調すべきハードルが高く、発言は自己抑制される。表だった攻撃は比較的少ないにもかかわらずＬＩＮＥなどでイジメが起きやすいのは、こうした共同体の狭さ、ハードルの高さによるところが大きいと考えられる。

このような違いがあるにしてもＳＮＳが同調圧力、とりわけ近年勢いを増した「大衆型同調圧力」をさらに増幅する装置となっていることに変わりはない。

3　コロナ対策が後手に回る必然

露呈された「動けぬシステム」の限界

コロナ禍で露呈された共同体型組織のもう一つの弱点。それは、危機において意思決定システムが機能しなくなることだ。

これまで述べてきた共同体型組織の特徴。具体的にいうと全会一致を原則にした意思決定方式、減点主義、無謬《むびゅう》主義（完璧主義）、裏の承認に偏った風土。これらは安定した環境を前提にしているため、改革やイノベーションを妨げる。そもそも前例のない新たな問題解決には適さないのである。そして決定に時間がかかる。

いうまでもなくコロナ禍は前例がなく、海外にも参考になるモデルがない。その中で迅速な判断と対応が求められる。その結果、共同体型組織はお手上げ状態になり、社会システムが機能不全に陥ってしまうのである。

二〇二〇年の春に新型コロナウィルスが蔓延したとき、感染を防ぐため学校が休校となり、会社も役所もテレワークへの移行が呼びかけられた。ところが日本ではデジタル化が遅れていたので、リモートで教育も仕事もできない。生徒や学生、それに従業員の多くは実質上、自宅で待機しているだけという状態が続いた。

そしてヨーイドンで世界中一斉にスタートしたワクチン開発は、各国のイノベーション能力が試される場だった。残念ながらというか、予想どおりというべきか、日本の製薬メーカーは欧米企業の後塵を拝し、存在感を示すことができなかった。また海外で製造されたワクチンも制度の壁に阻まれ、厚生労働省も万が一被害が出た場合の責任追及を恐れて及び腰になるなどして、承認手続きに手間取り、海外の主要国より接種時期が遅れた。緊急性があり、利益がリスクを明らかに上回る可能性が高い場合には、一定のリスクを受け入れるという仕組みができていないことが一因だと考えられる。

政権もまた共同体のしがらみにとらわれ、迅速な決定ができない。緊急事態宣言発出のタイミングにしても、「Ｇｏ Ｔｏトラベル」や「Ｇｏ Ｔｏイート」の中止にしても、利害関係者の合意や納得が前提になるので一部にでも強い反対があるとなかなか決められないのだ。

そもそも現代社会は政策の決定においても、その実施においても多数の要素、対立する利害を調整しなければならなくなっている。したがって従来の合意形成型ではなく、各要素を比較考量し、決断するシステムの構築が不可欠だといえよう。

「変化が常態」という発想が必要に

政治や行政の世界だけではない。

コロナが蔓延し始めた時期に各大学は卒業式や入学式をどうするか、授業をリモートに切り替えるかどうかで右往左往した。そして感染がいったん下火になると、こんどはいつ対面授業を再開するかで互いに様子見だった。先走って万が一失敗したり、逆に出遅れたりして世間からバッシングされるのを何より恐れるからである。

そして企業は「ポスト・コロナ」時代に事業の統廃合や海外展開をどう進めるか、「ジョブ型」雇用にどこまで切り替えるか、女性管理職の比率をどれだけ高めるかといった課題を突きつけられながらも、社内の調整と他社の動向に気を使うあまりに改革の足取りは重い。

第一次、第二次産業が中心だった時代と比べ、現在はサービス業など第三次産業が中心になり、グローバル化、IT化が進んで世の中がはるかに流動化している。変化が常態だといってよい。また海外で発生したさまざまな出来事の影響を受けやすくなり、絶えずそれに反応することが求められている。したがって**コロナ禍で日本型意思決定システムの問題点があぶり出されたいまこそ、思い切った見直しの好機だといえよう。**

逆にそれを怠るなら、世界の史実が物語るように共同体の利益を前面に掲げた独裁的なリーダーが、機能不全状態の弱点を突き台頭してこないともかぎらない。

そして、もっと現実的で、かつ差し迫った脅威は、すでに述べたようにSNSなど新たな媒体をとおして私たち自身が自縄自縛に陥ってしまうことである。まだシステムが固定化されていないいまこそ、人を束縛するのではなく生かす方向で制度の枠組みをこしらえておくべきではなかろうか。

（注1）コンピュータ・ソフト会社のアドビが二〇二〇年に行った「COVID－19禍における生産性と在宅勤務に関する調査」
（注2）東京大学医学系研究科精神保健学分野「新型コロナウイルス感染症に関わる全国労働者オンライン調査」二〇二〇年一二月三日公開
（注3）パーソル総合研究所「テレワークにおける不安感・孤独感に関する定量調査」二〇二〇年三月実施
（注4）国立成育医療研究センターが二〇二〇年一一月～一二月に実施した「コロナ×こどもアンケート」第四回調査によると、小学四～六年生の一五％、中学生の二四％、高校生の三〇％に中等度以上のうつ症状がみられた。
（注5）パーソル総合研究所・中原淳「長時間労働に関する実態調査」二〇一七年実施
（注6）労働政策研究・研修機構「年次有給休暇の取得に関する調査」二〇一〇年（複数回答）
（注7）二〇二一年一月一〇日付「朝日新聞」
（注8）Kazuya Nakayachi, Taku Ozaki, Yukihide Shibata and Ryosuke Yokoi "Why Do Japanese People Use Masks Against COVID-19, Even Though Masks Are Unlikely to Offer Protection From Infection?," Brief Research Report Article, Front. Psychol, 04 August 2020
（注9）A. Bandura, *Self-Efficacy : The Exercise of Control,* W. H. Freeman & Co 1997
（注10）二〇二〇年九月二日付「神戸新聞」
（注11）二〇二一年一月二七日付「日本経済新聞」夕刊
（注12）警察庁の統計
（注13）文部科学省の発表

第5章

同調圧力にどう立ち向かうか

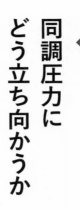

1　同調圧力に対処する三つの戦略

日本の「強み」が「弱み」に

仕事にしても勉強やスポーツにしても、自分の意志で自発的に行うのと、周囲に同調して行うのとはまったく違う。当然ながら同調圧力のもとでは受け身、消極的になる。実際に日本人の組織に対する関わり方や、働き方がきわめて受け身であることを物語るデータはたくさん存在する。

かなり古いデータだが、総務庁（現総務省）青少年対策本部が一九九三年に世界一一か国の青年に対して実施した「第五回世界青年意識調査」によると、日本人はいまの職場で勤務を「続けたい」という回答の比率が一一か国中最低で、逆に「続けることになろう」という回答の比率が他国に比べ顕著に高い。松山一紀が二〇一六年、同様の項目を用いて全国の「上司を有する」一〇〇〇人の日本人労働者にウェブで行った調査でも、その傾向は変わらない。「この会社でずっと働きたい」という回答は二五・四％にとどまるいっぽう、「変わりたいと思うことはあるが、このまま続けることになろう」という回答は四〇・五％にのぼる。(注1)

近年、仕事や職場に対する積極的な関わり方をあらわす尺度として使われるようになった「ワーク・エンゲージメント(注2)」の国際比較からも、日本人の消極的な姿勢が読み取れる。たとえばギャラップ社が二〇一七年に行った調査では、「熱意がある」(engaged)社員が日本ではわずか六％と一三九カ国中、一三二位となっている。

このような受け身の働き方も、工業社会やキャッチアップの時代には大きな問題にならなかった。いや、共同体型の組織・集団に特有の規律や調和のとれた働き方、学習方法は日本の強みとして国際競争力の源になり、人びとに多大な恩恵をもたらした。そのため、たとえ不自由さや欲求不満はあるにしても、共同体型システムは抵抗なく受け入れられてきたのである。

しかし、ある環境に対して過度に適応し、成功を収めたシステムは、環境が変わると新たな環境に適応するうえで重い足かせとなる。第3章、第4章で述べたように技術的、社会的な条件の急激な変化によって共同体型のシステムは強みとならないばかりか、逆に弱点を露呈する場面が増えてきた。

とはいえ、共同体型のシステムがいまなお一定の役割を果たしており、人びとの支持を得ていることは否定できない。東日本大震災後の秩序だった人びとの行動や国民の一体感が救援や復興を後押しし、コロナ禍のもとでは人びとの自粛によって欧米のような惨禍を免れてきた（異説もあるが）。そしてさまざまな組織や集団が、同調圧力の上に成り立っているという側面がある。そうした事実だけでも、共同体型システムの見直しが一筋縄でいかないことを物語っている。

「新たな同調圧力」の脅威をみすえて

注目すべき点は、いま共同体主義が以前とは異なる形で同調圧力をもたらしていることである。前章で述べたようにITを中心にした技術的、社会的な環境の変化と人びとの危機感の高まりによって、タテ方向の同調圧力には一定の歯止めがかかりつつある。そのいっぽうでSNSなど新たな媒体に増幅されたヨコ方向の同調圧力（大衆型同調圧力）が逆に強まっている。ところがマスコミも識者も相変わらずタテ方向の同調圧力に目を奪われがちで、ヨコからの圧力に警鐘を鳴らす人は少ないのが現状だ。

新たな同調圧力には、タテ方向を中心にしたこれまでの同調圧力とは違った特徴がある。第一に、圧力をかける者が不特定多数の匿名集団であり、姿がみえないこと。それだけに対処が難しい。第二に、多くの場合、被害者が同時に加害者にもなりうること。たとえば、コロナ禍のもとで自粛を強制する空気に反発を感じながら、いっぽうでは自粛しない人を白い目で見るケースなどがあげられる。第三に、日常生活の隅々まで、ときには身近な対人関係の中にまで入り込むこと。そして第四に、圧倒的な伝播力・拡散力を持っていることである。

ヨコからの同調圧力は個人にとって危険性が大きいばかりではない。メンバーが相互に牽制し、「出る杭」が打たれる環境は、イノベーションや改革の妨げとなる。したがって組織にとっても、社会にとってもいっそう有害である。このまま放置すれば、企業や学校、そして日本という国を国際社会の中で「沈没」させるかもしれない。

組織や社会のフラット化が進み長期的にはタテの圧力が弱まると予想されるだけに、

それと反比例して強まるヨコの圧力にますます悩まされることになるだろう。

では、このような社会の潮流を考慮に入れながら、私たちは同調圧力とどのように向き合っていけばよいのか。

それには三つの戦略がある。共同体型システム、すなわち共同体型の組織・集団と共同体主義に対する評価や向き合い方はそれぞれ異なる。しかし、過度な同調圧力をもたらす共同体主義に対してはいずれも否定的な立場をとる。

以下では三つの戦略を説明しよう。

2　構造改革戦略

「短期に精算する人事」で退職のハードルを下げる

日本社会に特有の同調圧力を「減圧」するには、共同体型の組織や集団という仕組みそのものにメスを入れる必要がある――。このような認識から、「閉鎖性」「同質性」

「個人の未分化」という構造を変えていく戦略。同調圧力に真正面から向き合う戦略であり、ほかの戦略をとる場合でも長期的にはこのアプローチを併用していく必要がある。

まず組織・集団の閉鎖性を崩す最もオーソドックスな方法としてあげられるのは、参入と退出のハードルを低くし、流動性を高めることである。

企業や役所のような組織では年功序列制や退職金制度が大枠として存在するため、従業員は中途で退職すると不利になる。いっぽう組織の側には、採用や育成などにかかったコストを回収するためにも、そのような構造を温存しようとする動機が働く。

そこで必要になるのが、中途での退職が組織と個人の双方にとって大きな損失につながらない制度、いわば**「短期に精算される人事」への切り替え**である。

具体的には、能力開発にかかるコストの一部を何らかの形で個人が負担する仕組みや、業界団体が育成を支援する制度の拡充などが考えられる。前者については個別企業でのみ通用する能力（企業特殊能力）より、他社でも通用する能力（汎用的能力）の比重が高まっているので、ある程度の自己負担を求めるのは理にかなっているといえよう。

後者についても現実に転職者の多くが業界内にとどまるのであれば、業界の投資は回収されるはずだ。

なお、このような考え方は雇用の場に限定されない。携帯電話を他社に乗り替える際に生じるスイッチングコストの引き下げに政府が動いたのと同じように、教育やスポーツ・健康などの分野でも「囲い込み」を避けるため入学金や入会金の比重を下げさせる社会的な働きかけが必要になるだろう。

異なる世界への「多元的帰属」を

もう一つは組織に対する多元的帰属、すなわち**組織・集団に全面的に抱え込まれないよう別の居場所を持つこと**である。幸いなことにテレワークやリモート学習の普及によって、その可能性が広がりつつある。

第2章で述べたように、閉鎖的な共同体の中にいると承認も共同体に依存する。共同体の中で認められるためには、同調圧力を受け入れなければならない。しかし別の居場所があれば、一つの共同体で認められなくても欲求不満には陥らない。したがって圧力に屈しなくてもすむわけである。

ただ、たとえ複数の組織・集団に属していても、社宅や独身寮に住んで仕事もつき合いも一緒とか、ママ友と習い事もジム通いも同じ、クラスの友だちとＬＩＮＥのグループが同じ、というように帰属先が同心円上にありメンバーが重なっていては意味がない。できるだけ帰属先が重ならないことが大切だ。なお日常生活においても人間関係を固定せず、多様な人と交わる機会を増やすことで主観的な同調圧力を下げられる。

仕事では、副業の広がりが多元的帰属のきっかけになる場合がある。

副業を持てばそのぶん会社に対する依存度が低下するので過度に同調しなくてもよいし、かりに本業のほうで周囲に同調することを強いられたとしても、副業のほうで自分の個性を発揮することができる。また副業がきっかけで転職や独立をする可能性も開けてくる。

企業にとっても副業を認めるメリットが、デメリットを上回るようになってきている。副業で身につけた新しい視点や知識、人脈が本業に活かせるだけでなく、ある程度の人材流動化は社員のモチベーションアップや組織の活性化などの点からむしろプラスになるケースが多い。

現状ではまだ副業を認める企業は少なく、たとえ認めてもさまざまな制約を課す例が多いが、そもそも勤務時間外における社員の行動を企業がどれだけ束縛できるかについて、政策面からも議論を進める時期ではないか。ちなみに海外では、本業との利益相反など明白な理由がないかぎり、社員の副業を制限できないところが多い。

教育の分野に目を向けると、第3章で述べたようにイジメや体罰、そして濃密すぎる人間関係からくるストレスなどの問題を改善するためには、組織の閉鎖性をあらためていく必要がある。たとえば小学校でも高学年はクラス担任制を見直し、教科担当制を取り入れるとか、クラブ活動を外部委託することによって内部の風通しはよくなるはずである。

いっぽう教員側、とりわけ小・中学校の教員については、自治体ごとに設置されている教育委員会の管轄を越えた人材の移動を活発化させることが望ましい。たとえば自治体間のスカウトや引き抜き、あるいは区域外教員の中途採用枠を設けるといった方策も考えられる。そうすれば所属組織に対する心理的な依存度も低くなるはずだ。

発言力確保を目的としたクォーター制の導入を

つぎに同質性を崩すためには、いわゆる「異端者」を入れることが有効である。

共同体型のシステムは強力なようでありながら、実は意外と脆い前提のうえに成り立っている。たとえば全会一致を原則とする意思決定慣行のもとでは、一人でも反対者がいると決められないし、場の空気に従わない者がいると全員参加型の活動は行えなくなる。だからこそ、かつては村八分のような手段を使ってでも異端者を排除したのだが、現在は人権上、そのような手段を使うことは許されない。そのため異端者が内部にいると、共同体型のシステムは機能しないのである。

要するに異端者を入れることは、共同体型システムの弱点を突く戦略だといえる。異端者が余りにも少ないと排除されるが、一定の数を占めると排除できない。

私が大学で毎年経験することがある。新入生の少人数クラスでは、互いに牽制し合って発言せず、静まりかえっていることが多い。ところが、そこに帰国子女が混じっていると彼らは臆せずに発言するので、つられてみんなが発言し、活発なクラスになる。経験的にいうと一人では浮いてしまうので、少なくとも二人以上いることが必要だ。

つまり、そこには同調圧力をはね返すために必要な「閾値《いきち》」があることがうかがえる。なお閾値とは、ある現象が起きる境目となる値のことである。

異端者の力が閾値を超えると、それまでやむなく同調圧力に従っていた人たちが意見を主張するようになり、空気が一変するケースをしばしばみかける。わかりやすいイメージとして、ベルリンの壁崩壊によって東欧諸国の民主化がドミノ倒しのように進んだシーンを思い出してもらいたい。

すでに述べたように企業などの組織はメンバーの意欲と能力を引き出し、競争に勝ち抜くため、内部の同調圧力を取り去ることが必要な時代になっている。

そこで組織、具体的には組織のリーダーがとるべき方策としては、ダイバーシティ＆インクルージョン（多様性とその包摂）の促進が中心になる。異質な人材が加わればメンバーの最大公約数が小さくなるので、求められる同調のハードルが自ずと下がる。

また健全で成熟した社会をつくるうえでも、異質な人びとが一定の存在感を示すことが望ましい。とりわけ「大衆型同調圧力」が強まってきた現状に照らせば、人権や公共の利益を多面的に考えるうえでも、あらゆる社会階層に異質な人びとを増やす必要がある。

そして閾値の存在を考えるなら、女性に一定枠を確保するクォーター制やアファーマティブ・アクション（ポジティブ・アクションともいう）のように、国籍、年齢、経歴などの属性における少数派を一定比率で確保するようルール化すべきかもしれない。また役所の審議会などでは、違う意見を持つ人を委員に加えることを制度化してはどうか。そうすれば異論を述べるのが当たり前になり、全会一致の慣行も見直されるようになるだろう。

さらに、現場のスクリーニングが必要以上に同質性を高めている現状を考えたら、企業でも、教育・研究機関でも、能力の萌芽をみせた人材を別枠で採用する制度を設けたらよいのではないか。

組織の「外部者」との連携も

いっぽう個人の戦略としては、この閾値を超える力を確保し、同調圧力を分散する方向に反転させるやり方がある。

日本の職場では、非正規従業員は純粋な共同体のメンバーとして受け入れられていない。裏を返せば正規従業員に比べると同調圧力を受けていないわけである。しかし非正規従業員は量的にも質的にも職場の中で存在感を増しており、もはや軽視できなくなってきた。そこで彼らの意見を代弁したり、共同歩調をとったりして圧力を回避するわけである。実際にコンビニや外食店の中には、それを実践し「職場の帰りにくい雰囲気」を克服している人がいる。

地域社会では、前章で述べたように共同体の閉鎖的な風土が外からの移住を妨げているケースが少なくない。ここでも注目したいのは、閉鎖的な風土にドップリつかっていない人の存在だ。たとえば「まちおこし」に携わる若者や役場の職員、そして先に移住してきた人たちである。彼らと共同戦線を張ることによって、閉鎖的な風土に風穴を開け、有形無形の圧力を取り除くことができる。自治体の中には、このようなプロセスを経て移住者が定着していったケースがある。

いずれにしても「異端者」を入れることで、同質性を前提にした仕事の進め方や意思決定方式が成り立たなくなれば、必然的に同質性を前提としないシステムに切り替えられるはずだ。つまり「異端者」を入れることが、改革の突破口になるわけである。

仕事や活動を「分ける」

同調圧力の三つめの要因である「個人の未分化」については、「分化」すなわち分けること、具体的にいえば**個人の分担や役割を明確に定めることが基本になる。**一人ひとりの分担を明確にすれば自分のペースで仕事や活動ができる。周りに迷惑がかかるのを気兼ねして帰りにくいとか、休みにくいということもなくなる。

職場では職種や仕事内容、企業規模などによって分ける方法は違ってくる。大企業の技術職や経理、財務、法務などは欧米のように職務で分ける方法が適しているし、研究開発やアナリスト、コンサルタントなど専門性が高い職種は、専門職ごとの切り口で分けるほうがよい場合が多い。そして一部の開発や営業、デザイン、編集など、それに中小企業では、半ば自営業のように一人である程度まとまった仕事を受け持つスタイルが適合しやすい。

またチームで行う仕事についても、一人ひとりの貢献度や仕事ぶりを「見える化」すれば組織や集団からの圧力を軽減することができる。つまり認知的に分化するわけである。客観的な貢献度や仕事ぶりがわかれば圧力をかける必要が減るし、個人の側からは圧力に従わなくても客観的な事実を根拠に抗弁できるからである。

職場以外の組織についても基本的な考え方に違いはない。たとえばPTAや町内会では自主申告で担当を決めて業務を委ねることで、役員会などに参加する負担を減らすとともに前例踏襲のプレッシャーを軽減した例がある。また大学でも委員会制度を見直し、一人ひとりの委員に権限を委ねると同時に責任の明確化を図ったケースがある。

なお「分化」という意味では、コロナ禍を契機に導入されたオンライン・システムの影響も軽視できない。いわば問答無用で進められた物理的な分化（テレワーク）によって、未分化な体制では仕事や活動ができなくなり、体制の見直しが迫られている。これを契機として仕事や活動の分化が加速する可能性がある。

なお仕事の分け方に関する詳細な話は、別の拙著(注3)を参照していただきたい。

3 適応戦略

「戦時下のパーマネント」に学ぶ

構造改革戦略とは反対に、組織や集団の構造改革を試みたり、共同体主義に直接抗ったりするのではなく、表面上はそれを受け入れながら同調圧力を回避する戦略。どちらかというとヨコ方向よりタテ方向、すなわち上からの圧力に対して有効な戦略である。

共同体主義は一種のイデオロギーである。そのため現実の状況から離れて独り歩きする。そこにつけ入る余地がある。いわば面従腹背《めんじゅうふくはい》であり、庶民の抵抗、弱者の戦略だといえる。

この戦略を説明するのに適切な事例がある。「贅沢は敵だ」と非難された太平洋戦争中に「敵性」とされた洋風の髪型や服装へのこだわりを捨てず、したたかに守り抜く女性の姿があった。文化研究やジェンダー論などを専攻する社会学者の飯田未希は、その姿を克明に描いている。

周知のとおり戦時下ではパーマネントが贅沢の象徴としてやり玉にあげられ、「パーマネントはやめましょう」という歌まで登場した。ところが女性の美に対する執着はたくましく、そうした世間の圧力を素直に受け入れはしなかった。「美容師たちが国の方針に従っていることを示すために同業者組合を組織し、さまざまな『報国的』提案を行うことで国家に対する恭順を示すことに成功した」（注4　七六頁）たとえば、「パーマネントを『淑髪』『電髪』と呼び変えて戦時にふさわしい髪型であると意味付け直した」（注4　同頁）。

また洋装に対する世間の目が厳しい中でも、女性たちのおしゃれやファッションに対するこだわりは強かった。そこで一計を案じる。デパートでは短いスカートが生地の節約になるので戦時に相応しいと女性たちに売り込むなど、「『非常時』などの掛け声は、デパートなどが新しいタイプの女性ファッションを売るために、この一九三〇年代後半の時期にむしろ利用されていた」（注4　一三五頁）という。

国の内外を問わず、**戦時下ではこのように思想、イデオロギーを受け入れるポーズをとりながら巧みに圧力をかわす庶民の様子があちこちで語り継がれている。**戦争も末期に近づくと皮肉や諧謔《かいぎゃく》を含んだ言動も珍しくなかったようだが、取り締まる側の面子さえ潰さなければ、みてみぬふりをされたのではなかろうか。

ルールを盾に抵抗する

このような庶民の知恵、したたかさは現在も消え失せていない。

記憶に新しいところでは、二〇一一年の東日本大震災発生後にも巷では同じような戦略をとる人たちがいた。当時は花見や送別会などの宴会を開いたり、タレントがＳＮＳに笑顔でポーズをとった写真を投稿したりするだけで「不謹慎」との批判が殺到した。「テレビは地震ばっかりでつまらない、…（略）…」とツイートし、大炎上したレンタルビデオショップもあったことを覚えている人もいるだろう。

そのような空気の中で、「被災者支援キャンペーン」と銘打った被災地の産物を食するイベントや、スポーツ大会などを開催するところがあった。チャリティー・パーティーと称して、売上げの一部を被災地に送る催しも開かれた。「被災者支援」や「絆」が「不謹慎狩り」の免罪符になったわけである。

また純粋な意味からすると同調圧力を回避する目的だったとは言い切れないかもしれないが、かつて旧国鉄下の労働組合がとった遵法闘争は、建前を逆手にとった抵抗戦術として参考になる。

当時、旧国鉄の労働者にはストライキ権が付与されていなかった。そこで彼らが用いた闘争手段が、**規則を徹底して守ることによってストライキと同様の効果をあげようとする遵法闘争である。**たとえば安全運転規定を厳守し、通常よりも念入りに、時間をかけて列車を運転することでわざと列車を遅延させた。ルールを盾に禁止するならルールを盾に抵抗するという苦肉の策である。

家族主義経営にしても、チームの一致団結にしても、社会の自粛要請にしても、度を超せば必ず弊害があらわれる。したがって道義面の議論はさておき、それを徹底的に推進する遵法闘争型の抵抗戦術はいろいろと応用でき、効果をあげられるかもしれない。

準拠集団を共同体の外に持つ

以上は、いずれも個人の「行動」に焦点を当てた戦略であるが、同調圧力そのものは個人の受け止め方しだいで強くも弱くもなる。その事実を考えたら、意識を変えることによって圧力を比較的感じにくくしたり、圧力をはねのけたりできるはずだ。

ここで思い出してほしいのが、第1章で述べた「心理的閉鎖性」である。

第三者の目で客観的にみたら、耐えられないほど強い圧力を受けているわけでないのに、追い詰められた心理状態になる場合がある。また外の世界に希望や関心を持ちにくいとき、共同体内部の些事にこだわりやすい。共同体の中がすべてであるかのような錯覚に陥るのである。

それを裏返せば、ふだんから共同体の外の広い世界を俯瞰し、時間的にも人生全体を射程に入れて考え、行動すると共同体内の圧力をそれほど感じなくてもすむはずだ。抽象的に表現すれば、準拠集団を共同体の外に持つわけである。

一般に欧米人が日本人ほど同調圧力を素直に受け入れないのは、絶対的な神の存在が大きいと考えられている。神と自分との結びつきは共同体の中での人間関係より重要だから、同調圧力には容易に屈しないのである。日本人でも壮大な夢や野心を抱いている人、人生を達観している人は、たとえほかの人と同じ共同体に属していても、同調圧力を素直に受け入れない傾向がある。

4 共存戦略

役割と行動を切り離して考える

同調圧力をもたらしている直接の要因は、イデオロギーとしての共同体主義である。いっぽう共同体や共同体意識はそれに利用される間接的な要因に過ぎない。このような認識に基づき、共同体と共存しながら過剰な同調圧力を排除する戦略である。三つのうちで最も有効、かつ現実的な戦略だと考えられる。

共同体そのものは日本だけでなく、どの国や社会にも存在する。共同体に属することによって得られる安心感や、人間関係の中で充足される社会的欲求。それらは人が生きていくうえで不可欠なものである。また実際に世の中が利益共同体の集合によって成り立っている面もある以上、内側からその変革を図ることは現実的でない。しかも、たとえ日本の組織や集団は共同体的な性格が強かろうと、それが直ちに悪影響を及ぼすわけではない。

有害なのは共同体の存続や発展そのものを最優先し、理屈抜きに共同体的な価値観を押しつける共同体主義である。過激な言い方をすれば、共同体主義こそ過剰な同調圧力によって人びとの自由と組織や社会の活力を奪うとともに、さまざまな社会問題を引き起こしている元凶である。

したがって共同体の仕組みや共同体意識とイデオロギーとしての共同体主義を分けて考え、後者を排除すればよいわけである。

そのために有効な考え方と具体的な方法について述べよう。

基本となる考え方は、「役割と行動の切り離し」である。家族やムラのような純然たる共同体は別にして、共同体型の組織や集団の場合、メンバーには共同体の一員として果たすべき役割がある。逆にいえば**役割を果たしているかぎり、行動は制約される理由がない**はずだ。まして感情や思想、信条にまで介入される筋合いはない。

これまで役割と行動を一体として、つまり切り離せないという前提に立っていたから人びとは共同体に取り込まれ、圧力にさらされてきたのである。したがって役割と行動を分けるようにすれば、同調しなくても組織や集団の目的は達せられることが多い。したがって無用な同調圧力は排除されるわけである。少なくとも排除する道筋がみえてくる。第2節で述べた複数の組織・集団に対する多元的帰属も実践しやすくなる。

少し大げさないい方かもしれないが「役割と行動の切り離し」は、全体主義と個人主義、公共の福祉と基本的人権の相克から逃れる一つの解になるのではなかろうか。

リーダーは「川下の原則」を大切に

では「役割と行動の切り離し」をどう進めればよいか、それぞれの組織（地域を含む）・集団について具体的にみていこう。

まず働く場に注目すると、家族的経営や社歌・社訓などは共同体主義の象徴のようだが、実はそうともかぎらない。一人ひとりの意思や生き方を尊重する家族があるのと同じように、社員がそれぞれ自分なりのやり方で会社に貢献することをモットーにしている会社がある。若手社員が自ら動画を制作し、「社歌コンテスト」に応募するほど社員のチームワークがよいが、参加を強制する空気は感じられない会社もある。ほかにもそういう例は少なくない。いずれのケースでも一人ひとりの自由意思を尊重し、個人の領域に踏み込まないという暗黙の規範が共有されているのである。

ただ組織やチームを運営する立場からすると「役割と行動の切り離し」を実践するため、もう少し明確なポリシーが必要になる。それが「川下の原則」である。第2章で述べたように、私は最終的な成果に近いところを「川下」、そこから離れたところを「川上」と呼んでいる。共同体主義はかぎりなく「川上」に遡上し、人びとの行動、態度、意識、価値観にまで介入する。しかし**共同体のメンバーに必要なのは、組織やチームに貢献することだという原点に戻れば、それらに介入する必要はない**ことがわかる。

組織やチームで仕事をするとき、共同体主義のもとでは「全員一丸」「一致団結」が唱えられ、一堂に会して無際限にがんばることが求められる。しかし冷静に考えたら、組織やチームの一員として役割を果たし、貢献している以上、いつ、どこで働いてもよいし、がんばる必要もないはずだ。そう考えることによってテレワークや裁量労働といった就業形態が導入可能になるし、副業を禁止する理由もなくなる。また業務委託やオープンイノベーション、ネットワーク組織のような選択肢もあることがわかる。

「人は人」を徹底する――日本一自殺率が低い町

地域社会でもまた共同体の役割は何か、地域のため住民にどれだけ同調を求める必要があるかを原点に戻って考えてみる必要がある。

以前にも拙著(注5)で紹介した徳島県海部《かいふ》町(現在は海陽町の一部)の例は、その一つのあり方を示しているといえそうだ。

海部町が注目されたのは自殺率の低さであり、島部という特殊な条件にある地域を除けば全国最低である。同町のような旧い田舎町といえば地域のつながりが強い反面、「ムラ社会」特有の濃密な人間関係、私生活への過干渉、隠然たる上下関係などを連想する。しかし著者(岡)による丹念な聞き取り調査や意識調査などから、そのようなイメージとはまったく異なる実像が浮かび上がった。

この町では個人の自由意思が最大限に尊重され、統制や均質化が意図的に避けられている。赤い羽根募金の募金者や老人倶楽部加入率は周辺で最も低いが、「人は人」という意識が強く、協力しない人、参加しない人に文句を言う人は少ない。しかし、だからといって共同体が機能していないわけではない。隣人とは頻繁な接触があり、必要なコミュニケーションが保たれている。また悩みやストレスを抱えたとき、だれかに相談したり助けを求めたりすることへの抵抗感が小さいことも明らかになった。

いっぽう海部町に隣接しながら自殺率が高いＡ町では、排他的な意識が強く、日ごろは密接な近所づき合いをしながらも、かえってそれが障害となって容易には助けてくれといえない人が多いこともわかった。

（岡檀『生き心地の良い町　この自殺率の低さには理由《わけ》がある』講談社、二〇一三年から抜粋して要約）

この町では共同体として必要な助け合いや連帯は大切にしながら、同調圧力につながる共同体主義は意識して排除されている様子がうかがえる。

さらに著者の岡は海部町とＡ町を含む九町村、約三三〇〇名の住民を対象にアンケート調査を行い、そのデータから「自殺予防因子」として「いろんな人がいてもよい、いろんな人がいたほうがよい」「人物本位主義を貫く」「どうせ自分なんて、と考えない」「『病』は市に出せ」「ゆるやかにつながる」の五要素を抽出した。

これらの多くは、いわば同調圧力と対極にある要素である。したがって、裏返せば同調圧力が自殺の原因になりうることを示唆している。

同調より「協力」を学ばせる

つぎにPTAや町内会などの組織運営について「役割と行動の切り離し」で具体的に何が可能になるか考えてみたい。

そもそもPTAや町内会などの組織も、常に役員が一堂に会する必要はなく、連絡や活動の多くはリモートで行える。また清掃や防犯活動など会員の公平な負担が求められる役務については、参加できない（したくない）場合、市場原理で決まる「出不足金」を支払うという選択肢も認めてよいはずだ。(注6)

さらにPTAにしても、町内会にしても参加を強制するような活動がどれだけ必要かを考えてみるべきだろう。ちなみにＰＴＡを強制加入からボランティア制に切り替えたところ、実質的に参加者が増えたという例もある。（注7）

そして、ここまでくればＰＴＡや町内会がはたして不可欠なものかどうかという議論にまで発展する可能性もある。

学校もまた、「役割と行動を切り離す」という考え方に基づけば改革を進めやすい。コロナ禍で実証されたように、授業はもちろん討論や協働学習も含め、学習の大半はリモートでも行える。

もっとも連帯感を養う効果をねらった運動会の綱引きや組体操、ムカデ競走といった競技には「同調」が不可欠である。しかし、そもそもいまの時代に大切な連帯とは何かを考えてみる必要がある。**社会生活で求められているのはこのような受け身で運命共同体的な連帯より、むしろ困った人に自ら手をさしのべるとか、メンバーそれぞれの立場を尊重しながら協力するといった自発的、積極的な連帯ではないか。**だとしたら教育や訓練の方法にも「同調」とは異なるキーワードがみつかるに違いない。

規制、圧力にかわる「第三の方法」

ところで新型コロナウィルスの世界的な蔓延により、各国は感染拡大を防ぐため人びとの行動を変容させなければならなくなった。そのため欧米などはロックダウンや違反者の取り締まりなど、公権力による強硬措置をとった。それに対し日本では自粛要請で乗り切ろうとした。自粛要請は国民の同調圧力を想定している。いや、言葉に出さずともそれを期待しているといってよいだろう。まして営業時間短縮の要請に従わないと店名を公表する措置などに至っては、世間に圧力をかけるよう求めているようなものである。

要するに、欧米のような公権力による封鎖や取り締まりにしても、日本のように世間の同調圧力を借りるにしても、そこに強制が働いていることに違いはない。したがって人権や自由の尊重という点からは望ましいとはいえないわけである。

そして感染防止という目的に照らせば、二者択一ではなく第三の方法があることがわかる。それはインセンティブ（誘因）の活用である。

たとえば国民のワクチン接種率を高めるには接種者には何らかの特典を与えるとか、

満員電車による通勤時の「密」を避けるため、通勤手段を電車から自転車に切り替えた人に国や自治体から手当を支給するといった政策が考えられる。ちなみにアメリカでは新型コロナウィルスのワクチン接種を社員に義務づける企業があるいっぽう、接種者への奨励金や、接種のための時間給を与える企業もあらわれた。

このようなインセンティブの導入に以前から積極的なのが中国だ。旧正月など多くの従業員が休みたい時期には、業種によって三倍ほどの日給を支払う会社もあるという。

地方政府も今回のコロナ禍のもとで旧正月の春節に帰省する人を減らすため、積極的にインセンティブを活用した。たとえば河北省の唐山市では、春節期間中に帰省しなかった農民工（出稼ぎ労働者）に一人五〇〇元の「まごころ祝儀」を支給し、天津市は市内に働きに来ている人が二月末まで市外に出なければ三〇〇元の手当を出すなど、報奨金を出す都市は二〇以上にのぼっているという。（注８）

細部に目をやれば技術的な問題や不公平が存在するかもしれないし、従わない人に不利益を与えるのは望ましくないという批判もあるだろう。しかし個人の選択を尊重する点で、規制や圧力より優れた方法だといえるのではないか。

インセンティブを活用する方法は、ほかにも使える分野が少なくない。問題はインセンティブの大きさ（金額）であり、政府や自治体が一方的に決めると弊害が出る。少なくとも理屈のうえでは市場原理の活用、すなわちネットオークションのように目標に達するまで金額を引き上げていく方式が望ましいと考えられる。

共同体主義を排除するという理念さえ忘れなければ、個人の束縛を最小限にとどめながら社会や組織の目的を達成する選択肢がたくさんみつかるはずだ。

（注1）松山一紀『次世代型組織へのフォロワーシップ論　リーダーシップ主義からの脱却』ミネルヴァ書房、二〇一八年、一〇四～一〇五頁
（注2）W・B・シャウフェリが提唱した活力、熱意、没頭の三要素からなる指標
（注3）太田肇『「超」働き方改革　四次元の「分ける」戦略』筑摩書房、二〇二〇年
（注4）飯田未希『非国民な女たち　戦時下のパーマとモンペ』中央公論新社、二〇二〇年、七六頁
（注5）太田肇『「ネコ型」人間の時代　直感こそAIに勝る』平凡社、二〇一八年
（注6）詳細については太田肇『個人を幸福にしない日本の組織』新潮社、二〇一六年、第七章を参照
（注7）山本浩資『PTA、やらなきゃダメですか？』小学館、二〇一六年
（注8）二〇二一年一月二七日付「朝日新聞」

あとがき

人が周囲に同調すること。それは本能のようなものかもしれない。京都大学前総長で霊長類学者の山極寿一によると、人間はゴリラなどの類人猿に比べて圧倒的に自己を抑制して場の雰囲気に合わせる能力が高い。そのコミュニケーション能力が進化の過程で脳の大きさをゴリラの三倍にしてきたのだという。それだけに私たちは、集まりリズムを共有する試みを怠ってはいけないと説いている（「科学季評」二〇二一年二月一一日付「朝日新聞」）。

一見、本書で述べてきたことと矛盾するようだが、そうではない。

たしかに人間は「群れる」こと、同調することを好む生き物だ。コロナ禍の「巣ごもり」生活はそれを人びとに痛感させた。大学に行かれなくなった学生は朝目覚めたとき、また孤独な一日が始まるのかと思ったら涙が止まらなかったというし、在宅勤務令が解けて出社が解禁された日が職業生活でいちばんうれしかったと語る人もいる。他人と時間や空気を共有し、共感することがそれほど大切なわけである。

ところが、そこに落とし穴がある。

私たちは群れること、同調することが大切なゆえに、むりやり他人を巻き込み、同調させてしまう。しかも、それにためらいや罪悪感を抱かない。そして「一緒に行動しないやつはけしからん」とか、「わがままは許さない」という話にまで発展する。

とくに日本のように閉鎖的、同質的な社会環境のもとでは、共同体の価値観を全面的に受け入れ、従うことが当然視される。それがイデオロギーとしての共同体主義である。

人間にとって群れること、同調することは大切だが、特定の共同体への全面的な関与と同調が求められると別の共同体への関わりや同調が困難になる。「同調の自由」が奪われるわけである。

「たこつぼ」化した職場集団は大きな組織やプロジェクトの形成を妨げてきた。「会社人間」は家族や地域という共同体への関わりを制約されてきたし、学校という共同体にどっぷりつかった子どもたちはクラスの仲間から拒否されたら居場所を失う。また一方向になびく世間の声は、それと異なる意見を唱え、違う考え方の人たちに同調する自由を奪う。

そしていま、ＩＴの進化とＳＮＳの普及によって、同調圧力が新たな形で広がろうとしている。かりにいつの日か、それに歯止めをかける仕組みができたとしても、また新たな形で同調圧力が生まれるだろう。
大事なのは日本社会の深層に横たわる共同体主義の存在に気づくことだ。そこにメスを入れないかぎり、いくら表層で社会が進化したようにみえても同調圧力は次々と形を変えながら受け継がれていくに違いない。

最後になったが、現場のさまざまな情報を提供してくださった方々に心よりお礼を申しあげる。そして本書を世に出す機会を与えていただいた株式会社ＰＨＰ研究所と、同社第一制作部ＰＨＰ新書課の西村健編集長、担当の野牧峻さんには深く感謝の意を表したい。

二〇二一年四月

太田　肇

PHP新書

PHP INTERFACE
https://www.php.co.jp/

太田 肇［おおた・はじめ］

同志社大学政策学部教授。1954年、兵庫県生まれ。神戸大学大学院経営学研究科修了。京都大学博士（経済学）。必要以上に同調を迫る日本の組織に反対する「組織嫌い」だからこそ、「個人を尊重する組織」を専門に研究している。ライフワークは、「組織が苦手な人でも受け入れられ、自由に能力や個性を発揮できるような組織や社会をつくる」こと。話題作『「承認欲求」の呪縛』（新潮新書）をはじめ、『「ネコ型」人間の時代』（平凡社新書）、『「超」働き方改革——四次元の「分ける」戦略』（ちくま新書）など、著書多数。近年、著作は海外でも高く評価されており、『「承認欲求」の呪縛』などが翻訳されている。

同調圧力の正体

（PHP新書 1263）

二〇二一年六月二十九日 第一版第一刷

著者——太田 肇
発行者——後藤淳一
発行所——株式会社PHP研究所
東京本部——〒135-8137 江東区豊洲5-6-52
第一制作部 ☎03-3520-9615（編集）
普及部 ☎03-3520-9630（販売）
京都本部——〒601-8411 京都市南区西九条北ノ内町11
組版——アイムデザイン株式会社
装幀者——芦澤泰偉＋児崎雅淑
印刷所 製本所——図書印刷株式会社

ISBN978-4-569-84955-3

PHP新書刊行にあたって

「繁栄を通じて平和と幸福を」(PEACE and HAPPINESS through PROSPERITY)の願いのもと、PHP研究所が創設されて今年で五十周年を迎えます。その歩みは、日本人が先の戦争を乗り越え、並々ならぬ努力を続けて、今日の繁栄を築き上げてきた軌跡に重なります。

しかし、平和で豊かな生活を手にした現在、多くの日本人は、自分が何のために生きているのか、どのように生きていきたいのかを、見失いつつあるように思われます。そして、その間にも、日本国内や世界のみならず地球規模での大きな変化が日々生起し、解決すべき問題となって私たちのもとに押し寄せてきます。

このような時代に人生の確かな価値を見出し、生きる喜びに満ちあふれた社会を実現するために、いま何が求められているのでしょうか。それは、先達が培ってきた知恵を紡ぎ直すこと、その上で自分たち一人一人がおかれた現実と進むべき未来について丹念に考えていくこと以外にはありません。

その営みは、単なる知識に終わらない深い思索へ、そしてよく生きるための哲学への旅でもあります。弊所が創設五十周年を迎えましたのを機に、PHP新書を創刊し、この新たな旅を読者と共に歩んでいきたいと思っています。多くの読者の共感と支援を心よりお願いいたします。

一九九六年十月

PHP研究所